JN080106

スポーツとLGBTQ+

シスジェンダー男性優位文化の周縁

岡田桂・山口理恵子・稲葉佳奈子　著

晃洋書房

はじめに

　本書は，スポーツという文化領域におけるジェンダー／セクシュアリティの問題，中でも性的マイノリティの問題に焦点を当てた内容となっている。これまで，スポーツの社会学的な研究のなかでは，まずジェンダーの問題——近代という時代に男性のみを前提とした活動として成立してきたため，原理的に男性の身体を基準としており，男性有利／女性不利という構造的な格差から逃れられず，ジェンダー平等が困難であるという点——が前景化されてきた。女性の参入を想定せずに制度化されてきた近代スポーツは，そもそも男性の身体的特質がパフォーマンスの上で有利に働くように設計されているため，同じ条件で競技すれば自ずと男性が女性を上回ってしまうということである。この問題は，スポーツがグローバルに普及し女性の参加が一般化していく中で，女性と男性の競技カテゴリーを分けることで，少なくとも参加機会の平等を図る方向が模索され，また進展してきた。しかしながら，この方向性はいまだ近代スポーツそのものの内包する男性身体優位という制約を積み残したまま進んでいるともいえる。

　一方，ここ20年ほどの間に，スポーツの中心に位置するはずの男性ジェンダーでありながら排除と差別を被ってきたゲイ男性——セクシュアリティの上でのマイノリティ——の問題に関しても研究の蓄積が進んできた。ジェンダーの上では男性（ある意味で男性ジェンダーを"まっとう"している）でありながら，なぜ同性愛というセクシュアリティによって差別され，男性性の内部で劣位に秩序化されるかについては，男性ホモソーシャリティ（異性愛男性同士の強い絆，あるいは排他的な権利関係）の側面から一定の説明がなされてきた。つまり異性愛男性間に性愛の要素を持ち込むことでその絆を危うくする存在として，まずは異性である女性が，さらにはその潜在的脅威であり仮想敵としての同性愛男性が排除されるということである。さらにいえば，近代以降つづいてきた同性愛（ホモセクシュアリティ）の有力なジェンダー的解釈としての「ジェンダーの転倒／倒錯」——男性同性愛者は"女性的／内面は女性"であるはず，という，

ジェンダーをずらしてセクシュアリティを解釈する枠組みによって，ゲイ男性が「女性的な男性」，あるいは「欠格した男性」とみなされてきたことも大きい。

　しかし，同時に2000年代以降，同性婚の法制化を象徴として英米・一部の欧州を中心とした民主主義体制の地域では，セクシュアリティに基づく差別や格差が徐々にではあるが解消の方向へ進みつつあり，軍隊と並んで「男らしさ」の最後の砦と目されてきたスポーツにおいても，徐々にプロやトップレベルのゲイ男性選手のカムアウト事例が増加している。こうしたセクシュアリティに基づく制約が——もちろん課題はまだまだ残されているにせよ——スポーツ界で緩和されていく中で，現在，性に関わる最大の課題は，特にトランスジェンダーや性分化疾患（DSD）の女性選手をめぐる問題，つまりは「女性（や男性）」という性の境界をどこで／どのように引くのか，というジェンダー概念をめぐる問題に焦点化されつつある。また，このトランスジェンダーやDSDをめぐる議論が女性選手，あるいは女性競技カテゴリーをめぐって集中的に顕在化するのは，当然ながら前述したように，いまあるスポーツがそもそも男性の身体——より正確に言えばシスジェンダー男性の身体を規範として成り立っている男性優位文化であるからであり，結果的に，男性的と解釈される要素の多寡が女性競技への参加資格をめぐる公平性の議論へと引き寄せられざるを得ないという，近代スポーツそのものの持つ限界をあぶり出すことにもつながっている。

　こうした論点を洗い出して見るならば，スポーツにおける性的マイノリティの問題はひろくジェンダーとセクシュアリティを架橋，あるいは越境する問題系であることがわかる。本書には「LGBTQ」と冠されてはいるが，このLGBTQということばやカテゴリー分けは本書にあってはなかば便宜的なものでもある。たしかに前半5章に関しては，スポーツの成り立ちを踏まえてそれぞれ「男性ジェンダー」，「女性ジェンダー」に加え，「ゲイ男性（G）」，「レズビアン女性（L）」，「トランスジェンダー（T）」に対応した内容として読める構成になっている[1]。しかしながら，本文，特に後半3章の内容を併せて通読してもらえれば，むしろ本書の問題意識が，現実のスポーツと性的マイノリティの多様性というものが，必ずしもLGBTQというカテゴリーに分類し切れない

広がりを持つ点を指摘するものでもあると理解いただけるだろう。

　また，LGBT（あるいは「Q」「＋」）というカテゴリーが，おそらくはかなりの地域性（英語圏由来）と歴史性を持つ概念であることは，むしろ日本を含めたスポーツ世界の非中心地域の事例を通じてより鮮明になる部分もあるといえる。これらの対比や相対的な視点は，ジェンダーに関しては特に第6章を，セクシュアリティや（ジェンダーの）クィアさに関しては第7章を，地域性や多様さに関しては第8章を参照いただきたい。これらの内容はまた，英米・欧州の一部などLGBTQ "先進地域" の中心性を相対化すると同時に，性的マイノリティの公称参加選手数が歴代最大となった東京2020オリンピック大会においてすら，いまだ日本からの公の参加事例が0であったという対比から浮かび上がる日本社会自体の地域性や問題を逆照射するものでもある。

　なお今回，海外の事例やデータが多くなりがちな内容の中，今現在の日本の状況を自らの経験を通じてインタビューのかたちで共有してくださった下山田志帆氏，杉山文野氏，村上愛梨氏にあらためてお礼申し上げたい。本書が意図する今後のスポーツ界のより本質的な多様さとの共存に向けた可能性を考えるとき，実際に社会や価値観の変化に貢献するのは，理論や資料的な部分よりも，こうして表に立って活動されている方々の行動にほかならない。

　最後に，今回こうした意欲的な内容を書籍化するにあたり，その企画の段階から有益なご指摘をいただき，著者たちが気づきにくい論点にまで踏み込んで様々な形でご助力くださった担当編集者の吉永恵利加氏に，この場を借りてあらためて感謝申し上げたい。本書が書籍としてかたちになったのは，ひとえに吉永氏のお力添えの賜である。

1）「バイセクシュアル」に関しては，つねにLGBTの括りの中で不在，あるいは看過されてきたとの指摘がある。本書においても当初からこの点を意識し，「B」に対応する内容を含んで構成したいと計画してきたが，実際のところ先行研究やアクセスできる事例の少なさなどの制約から実現には至らなかった。しかしながら，こうした制約，および今回のような結果的にこのカテゴリーでの執筆を諦める，という判断自体が，これまでのバイセクシュアル（あるいはバイセクシュアリティ）の不可視化に加担してしまっている点には忸怩たる思いがあり，また同時にその研究の重要性を軽視した結果ではないことを付記しておきたい。

なお，本書の内容は著者全員が関わる以下の科研費による研究成果の一部である。

「スポーツにおける LGBT "主流化"の傾向とその問題点に関する研究」19K11510　日本学術振興会 科研費
　「「エンパワーメント」言説／表象からみる女性スポーツ政策の政治性に関する研究」19K12612　日本学術振興会 科研費

　2022年 7 月

著者を代表して　　岡田　桂

スポーツと LGBTQ＋

シスジェンダー男性優位文化の周縁

目　次

「メンズ」というワードの中に，
女らしさと男らしさ両方あっていい

聞き手：稲葉佳奈子，山口理恵子

第8章

スポーツにおける LGB 主流化と T（Q＋）

第 1 章

男性ジェンダーとスポーツ

はじめに ──スポーツ＝男性領域文化？

　現在，スポーツは男女問わず実践される文化となっている。学校体育や部活動，あるいはオリンピックや国際競技会レベルの大会でも，多くの場合，男性／女性両ジェンダーのカテゴリーで実施されており，一見すると機会の上でのジェンダー差は解消されているように感じられるかもしれない。しかし，たとえばサッカーやラグビー，レスリングなど男女別でおこなわれる多くの競技において，やはり男性選手の競技こそがそのパフォーマンスの上で"本物"であるという価値観や，記録を比較した際の男女差を理由として「スポーツの能力は男性の方が勝っている」という考えも根強く残っている。

　また，そもそも現在主流となっている競技の多くが男女別（ジェンダー別）に編成されていること自体，いまある「スポーツ」というものが，同じ基準のもとで男性と女性が同時にプレイすることの難しい文化領域であることを示している。実際のところ，日本でも義務教育である中学校や必修授業としての高校の体育では，男女共学校であってもスポーツを用いた授業はジェンダー別におこなわれてきたが，多くの生徒がそれに疑問を持たずに過ごしてきたとするならば，それは「スポーツにおいて男女差が出るのは当然なので仕方がない」という価値観がいまだに強いことの現れともいえるだろう。しかし，スポーツが男性に向いている，というのは本当だろうか。あるいはスポーツに男女差が出るとすれば，それに問題はないのだろうか。本章では，スポーツ（より正確には近代スポーツ）がどのように成立し，制度化されてきたか，またそれが男性ジェンダーとどのように結びつき，なおかつその理想がいかにセクシュアリティ化（異性愛化）されてきたかを概観した上で，後に続く各章全体の前提となる問題点を提起する。

1 近代スポーツの成り立ち

（1）男性のみを前提とした文化

　サッカーや陸上競技，レスリングやボクシングなど，オリンピックに採用されている競技や世界的に主流となっている"花形"競技の多くは，19世紀頃までにイギリスで盛んになり，制度化されたものが原型となっている。あるいは，イギリス系移民がアメリカで修正・発展させたものを含めれば，そのほとんどがアングロサクソン的文化ということもできるだろう。他の地域と同様，イギリスにおいても古い時代からさまざまな身体的活動や娯楽が存在していた。それらを示す言葉である sport は，もともと非常に広い意味を持つ概念であり，古くは遊びや娯楽，気晴らし，あるいは競技性（ゲーム性）のある活動全般を指すものであった。こうした時代のスポーツは，たとえば釣りや狩り，カードゲームや散歩なども含んでおり，必ずしも現在のように身体を使った競技を中心としたものばかりではなかった。これはまた，この時期のスポーツが必ずしも男性に限定される娯楽ではなかったことも示している。この状況が変化してゆくのは，19世紀頃から私立の男子校であるパブリックスクールにおいて，運動競技としてのスポーツが課外活動として熱心におこなわれるようになって以降である。

　パブリックスクールはイギリス独特の学校制度であり，古いものは中世から続く，主に上流階級の子弟を対象とした私立の名門中等教育学校を指す。伝統的には，イギリスの王室関係者が通うことでも著名なイートン校や，それと双璧を成すハロウ校，のちのラグビー・フットボールの語源ともなったラグビー校などに代表される十数校を中心とし，その特徴は全寮制（寄宿舎制，ハウスシステムとも呼ばれる）であり，なおかつ長らく男性のみに入学が許可された男子校であったという点にある。これは，伝統的なイギリス社会における男性優位と，当時のパブリックスクール卒業生に期待された社会のエリートとしての役割が，男性のみに開かれていたことの反映でもある。

　こうしたパブリックスクールでは，古くから各学校独自ルールのフットボールや運動競技がおこなわれており，10代前半から20歳くらいまで寮で共同生

活を送り，基本的に学校の外に出ない男子学生たちの課外活動や伝統行事として受け継がれてきた。しかも当時，特権階級である上流階級（貴族やジェントルマン〔地主階級〕）の子弟たちは，将来生活のために労働をする必要はないため，パブリックスクールの教科は労働や職業に直結する実用的なものではなく，ラテン語など人文系の知識を中心とした教養主義的なものであった。名門の子弟として将来が約束され，ときに教師たちの社会階層を上回る男子生徒が多数という状況にあって学校生活の規律の乱れは進み，生徒たちの反乱や地域住民との諍い，上級生による下級生へのいじめなども苛烈化したことで，19世紀前半，荒れたパブリックスクールを嫌って別の教育手段を選ぶ上流階級子弟の数が増加の一途を辿ったという。

　こうした危機に際し，19世紀半ば以降，パブリックスクール改革の一つの手段として組織化されたスポーツ活動が称揚されるようになる。将来への目標や責任感の希薄な上流階級の息子たちに目的意識や自制心，道徳観の獲得を促し，支配階層としてのリーダーシップやチームワークを身に付けさせる手段として，それまであくまでも自主的な活動であったスポーツ，特にフットボールなどのチーム・スポーツが学校にとっても重要な課外活動として位置づけ直され，急速に組織化されていった。特に，学生が共同生活を送る寮（ハウス）による対抗戦は，所属寮ごとのアイデンティティと団結を促し，パブリックスクールになくてはならない風物詩として定着していった。一部のパブリックスクールではじまったこうした試みが功を奏したことから，やがてスポーツを一種の道徳教育の手段として重視・奨励する潮流がイギリス中のパブリックスクールに浸透し，後に「アスレティシズム」と呼ばれる熱狂的なスポーツ熱を呼び起こすことにも繋がった。

　なお，組織化されたスポーツがこれほど短期間の間にエリート教育へと受け入れられた要因としては，規律訓練の手段として功を奏したことはもちろんだが，やはり抽象的なルールに則っておこなわれる実用性のない身体活動という近代スポーツの特質こそが，上流階級のための教育理念（ジェントルマン教育）である教養主義に親和性を持ち，「身体の教養」として接続された点にあるといえるだろう。これは，時代が下って現代に至る長きに渡ってアマチュアリズムが重視されてきた一因であり，スポーツを労働としておこない報酬を得るプ

ロフェッショナルを理念に合わないものとして忌避する価値観を生むことにも
なった。

（2）男らしさの称揚 ── アスレティシズムとマスキュラー・クリスチャニティ

　この時期以来，結果としてスポーツは，自堕落で放蕩な傾向の強かったパブ
リックスクールの生徒たちの規律を引き締め，近代という時代の要請する未来
のリーダーとしての資質──チーム・スポーツの実践を通じて醸成される自制
心や目的意識，あるいはフェア・プレイの精神──を体得させる活動として学
校教育と切り離せないものとなり，同時にこうした資質こそが「スポーツマン
シップ」という人格化された素養として"男らしさ"の主要な条件と見なされ
るようにもなった。こうした時期には，学校において正課の授業よりも課外活
動のスポーツを重視するという逆転現象が起こり，短期間のうちにフットボー
ル場やグラウンドの面積が数倍になる学校すらあったという。こうした教育に
おける極端なチーム・スポーツ偏重はアスレティシズムと呼ばれ，一部からは
批判も上がったが，結果として20世紀に入ってもこの流れが止まることはな
かった。

　その理由の一つは，この時期がイギリスの帝国化が頂点を迎えてゆく時期と
重なり，スポーツで体得できると考えられた素養が，軍事，産業，植民地経営
など近代の組織化された活動全般で求められる規律訓練や価値観（つまり男性的
価値観）そのものであったためともいえるだろう。また，こうした組織化され
た競技的スポーツは，当時パブリックスクールなど以外で経験する機会はほと
んどなかった。つまり，スポーツがまさに身体的な競技として成立してゆくこ
の時代には，女性がこうした活動に組織的に参加するチャンスはほぼ皆無であ
り，現在に続くスポーツ（近代スポーツ）は男性とその身体のみを前提として発
達したものであるといえる。

　さらに言えば，同じ時期にアスレティシズムの背景となるもう一つの思想と
して，マスキュラー・クリスチャニティ（筋肉的キリスト教）の台頭があった。
筋肉と信仰というこの奇妙な取り合わせは，チャールズ・ダーウィンによる進
化論のインパクトを受けて進んだ，それまでのキリスト教的人間観を覆す「人
間も動物の一種である＝環境に適応して猿のような下等な生物から進化してき

た」という適者生存の認識と，そこから逆引きされた「良い資質を受け継いで進化（適応）できないものは退化して滅んでしまう」という優生学的発想から敷衍されたものである。人間というものが神の創った特別な存在ではなく動物の一種である以上，人間の身体も近代化が進む新たな社会環境に適応して進化し，より良い資質を子孫へ受け継いでいかなければ種として衰退してしまう，という恐れは，それまで精神性に置かれていた人間の価値を生物としての身体に再定位させることに繋がった。

　加えて，生物としての人間とその再生産（生殖）への焦点化は，同時に雄と雌の身体的特質を反映するものとしての性差——すなわち男らしさと女らしさ——に新たな価値を付与することにもなった。ダーウィンによる進化論を単純化して社会に当てはめたこのような俗流の解釈は，社会ダーウィニズムと呼ばれる疑似科学的なものではあったが，ヨーロッパ列強諸国が帝国化し植民地獲得にしのぎを削る時代状況の中で，世界をリードする適者の地位から転落すまいとするイギリスの支配階層の危機感を刺激したことは想像に難くない。

　実際にこの時期，当時最先端の産業技術を持ち，最強の軍隊を有するはずのイギリスが南アフリカのボーア戦争で敗戦寸前に追い込まれたことに加え，その理由として挙げられたイギリス兵たちの身体の虚弱さという事実は，こうした施策者たちの危機感を現実のものとした。産業革命以降，都市の下層労働者は劣悪な環境で労働を強いられ，貧しさと栄養状態の悪さから結核などを患うことも多く，平均寿命も驚くほど短かったという。こうした層を中心に徴用されたイギリス兵と，ボーア戦争で戦ったオランダ系南アフリカ人——恵まれた自然環境で培われた健康な身体によるゲリラ戦でイギリス軍を苦しめた——の対比は，「身体を鍛え壮健に維持」し，より健康で強壮な次世代を再生産する必要性を促進することになった。つまりマスキュラー・クリスチャニティとは，キリスト教徒であることを前提としたイギリス人たちが「健全なる精神は健全なる身体に宿る（宿れかし）」という古代ギリシアの格言を具現化した，良きキリスト教徒の魂は健康な（鍛えられた筋肉的な）身体にこそ宿るのだ，という解釈であったといえる。

　マスキュラー・クリスチャニティという呼び名は，もとはアスレティシズムに浮かされ，スポーツや身体活動を偏重する当時のイギリス・エリート男性た

ちを揶揄することばであったが[1]やがてこの呼称は定着し，スポーツと身体を
繋ぐあらたな男性ジェンダーの理想を示すものとなった。「筋肉的」という語
句が示すように，この時期以降の男性の理想はもはや自制心や道徳観という内
面だけでなく，健康や壮健さを視覚的に示すような外見＝身体をも含むものと
なり，それを可能にする技術としてのスポーツはエリート男性にとって不可分
の文化として定着したといえるだろう。

（3）"近代"という時代とスポーツ

　こうして，身体的にも精神的にも男性ジェンダーの理想と結びつくことに
なったスポーツではあるが，なぜこのイギリスのローカルな身体的文化が世界
に広まり，標準化したのかといえば，それは「近代」という時代と価値観に密
接に関連している。19世紀はヨーロッパの有力国が世界に版図を広げ，各地
に植民地支配を拡大した時代であり，その中心を担ったのが当時帝国化してい
たイギリスであった。イギリスは19世紀後半，世界最大の植民地を文字通り
地球の裏まで拡大し，陽の沈まない大帝国と呼ばれるに至った。結果的にその
支配は，植民地を含む多くの地域に対して，言語や社会制度に加えて文化の領
域でも大きな影響を及ぼし，イギリスを規範とする標準化が進むことになった。
実際のところスポーツは，イギリス植民地はもとよりフランスや敵対的な関係
であったドイツといったヨーロッパ諸国，南米，日本を含んだアジア地域へと
急速に普及し，その抽象的なゲームをプレイすることを通じて，先述したス
ポーツマンシップに代表される典型的な近代の価値観を身体を通じて経験する
とともに，その理想を共有してゆく手段ともなった。

　こうした意味で，スポーツは英語に並んでもっとも世界標準化したイギリス
文化といっても良いだろう。さらに言えば，この時期はイギリスを中心とした
ヨーロッパ諸国の価値観と支配がグローバル化する"近代"という時代と価値
観のさなかでもあり，この時代に制度化が進んだ狭義のスポーツもまた，本来
は"近代スポーツ"と呼び分けるべき存在でもある。そして，その近代のもた

---

1)　ダーウィンによる進化論の熱心な唱道者であり，"ダーウィンのブルドッグ"とも呼
　　ばれたトマス・ハクスリーら進化論者と，それに対して伝統的なキリスト教観を守ろう
　　とする側との論争の中で生まれた表現とされる［Mount 2010］。

らす平準化は，もとは上流階級から始まった近代スポーツ実践を徐々にその階級を超えて労働者階級や大衆へと開き，現在に至るグローバル化への緒に就くことになった。

2 「男らしさ」の可視化
―スポーツのグローバル／アメリカ化とメディアによる理想像

（1）アマチュアからプロへ／「する」から「見る」へ

　当初イギリスで成立し，「男らしさ」の価値観と結びついたスポーツは，教育や徳育と結びつきながら主に実践するものとして世界に広がりを持った。しかし，ときに"スポーツの時代"ともいわれるような現代のグローバル文化としてスポーツの受容と普遍化を導いたのは，やはりアメリカであるといえよう。伝統的な階級社会であるイギリスでは，スポーツがエリート教育を超えて労働者階級へ普及してゆく進度はそれほど速いものではなかった。しかしながら，旧世界から出帆したイギリス移民が新しく平等な社会建設を目指した新天地アメリカでは，階級制度に依拠しない大衆社会が出現し，結果として一般の人びとへのスポーツの普及も進むことになる。

　上流階級の要素を色濃く残したイギリスにおいては，20世紀に入ってもそのエートスと教養主義の側面から，スポーツはアマチュアであるべきとの価値観が強く，その実践で報酬を得ることは認められない時期が続いた。しかし，生活のための労働という制約から不可分の一般大衆にとって，スポーツ実践の機会は数少ない休日（半日休みの土曜日など[2]）に限られており，もし仕事を休んで平日に試合や練習をおこなう必要があれば，それは即，休業補償という名の賃金――つまり報酬を得てスポーツをおこなうという意味でのプロ化の容認へ道を拓くものであった。職業としてスポーツをおこなうプロ選手の誕生は，

　2）　伝統的なキリスト教の価値観においては，遊びや娯楽は基本的に好ましくないものとされてきた。たとえば，日曜日はあくまでも"安息日"であり，スポーツや娯楽などに費やすことのできる「遊んで良い日」ではなく，教会で祈りを捧げる「休まなければならない日」という位置づけであった。こうした価値観のなかでは，生活のために働かなければならない労働者階級の男性が無報酬でスポーツをおこなう機会を確保すること自体が非常に困難であったことがわかる。

当然ながらスポーツの商業化を前提としており，またその試合観戦を効率よく商品化するための競技団体の組織化やリーグの設立が急速に進むことになる。さらには，スタジアムやフィールドでの観戦に加え，試合の様子や勝敗，スコア，あるいは選手たち自身やチームに関する情報がメディアを通じて流通し，その情報自体が商品価値を生む消費対象として巨大な市場を獲得してゆくことにも繋がった。

　また，当初から存在した新聞や雑誌に加え，ラジオやテレビといったメディアの実用化は，距離の制約を無化した同時観戦を実現し，その市場を広大なアメリカ全土へ，後には世界にまで拡大することを可能にした。こうしてメディアを通じて情報化されたスポーツの規模は，もはや自らの身体による「する」実践だけではなく「見る」対象へと，その文化の有り様を大きく変化させたといえる。特に，新興国として伝統を持たず，なおかつ独立した国家として親文化であるイギリスの影響を相対化したいアメリカにとって，ベースボールやアメリカンフットボール，バスケットボールなどのアメリカ風スポーツは数少ない独自の文化としてアイデンティティ化され，特別視されるものとなり，そこで活躍するスポーツ選手は社会におけるヒーローとして新たな「男らしさ」の理想像を提供する役割を担うことにもなった。

（2）男らしさの身体イメージ ── フィジカル・カルチャーと筋肉美の理想

　また，アメリカはスポーツと共にもう一つの身体に関わる文化もイギリスから引き継ぎ，世界的な中心として開花させた。それはフィジカル・カルチャーである。ときに身体鍛錬とも訳されるフィジカル・カルチャーは，近代スポーツと同じく19世紀のイギリスにその端緒を開いたものであり，現在のボディビルやフィットネスの元祖とも見なされている。当時，イギリスの劇場では見世物の演目の一つとして力自慢や怪力ショウが人気を博していたが，こうした演し物を演じるのはもちろんストロングマン（怪力男）と呼ばれる筋肉隆々の男性たちであり，その視覚的にわかる強さや逞しさは，巨大なバーベルや複数の人びとを軽々と持ち上げるという，時にトリックも用いておこなわれるパフォーマンスに説得力を与えるものであった。

　こうしたストロングマンの有名人であり，ボディビルダーの元祖とも位置づ

けられているユージン・サンドウは，自ら
の逞しい身体をモデルとして，こうした筋
肉質で健康な身体を獲得するための具体的
なトレーニング法や知識を掲載した雑誌を
創刊し，それに自らの名前を冠して「サン
ドウのフィジカル・カルチャー雑誌」と名
付けた。この雑誌は当時の人びとに熱心に
受け入れられ，発行部数も増加したため，
類似の雑誌や書籍が次々と発刊されてゆく
ことにもなった。当時，身体は所与のもの
と考えられていたため，トレーニングに
よって後から身体を鍛え直し作り変えるこ
とができるという知識自体が新鮮に受け止

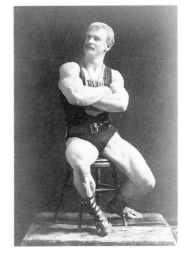

図1-1：ユージン・サンドウ

められ，さらには先述した社会ダーウィニズム的言説と身体の"退化"という
この時代特有の危惧に対する解決策の一つと見なされたことで，フィジカル・
カルチャーは爆発的な流行を呼び起こすことになる。

　また，この流行を支えた中心は，労働者階級の上位層と階級を接し，常に中
流階級からの転落・逆転の危機感に苛まれていた下層中産階級の人びとであっ
たとされる。逆に言えばこの時期，身体を健康に鍛え，逞しく外見を整えるこ
とが，中産階級であると見なされる上で重要な要素となり始めたともいえ，上
流階級がスポーツによって心身を鍛える一方，パブリックスクールなどに通う
チャンスのない下層中産階級の男性たちはフィジカル・カルチャーによって近
代の新たな「男らしさ」の規範に自らの身体を適応させようとしたともいえる
だろう。M. アントンバッドは，この時期，それまで重要視されてきた宗教的
価値観や道徳心に代わって，可視化された身体の有り様——逞しい身体の輪郭
——といったものが男性性にとって新たな価値となったと指摘する。また，身
体を鍛える技術としてのフィジカル・カルチャーの商業的成功は，同時にそれ
が目標とする筋肉美という外見そのものが新たに商業的価値を持つものとして
再配置されたことを示している [Anton Budd 1997]。

　フィジカル・カルチャーはヨーロッパ諸国やアジア，アフリカ，南米など世

界的に普及したが，それがもっとも中心的に受容され，また大きな文化的影響力を有することになったのはアメリカであり，現在ではボディビルやフィットネスという"身体の外見"を理想像に近づける文化の中心地として，その価値をグローバルに発信する役割を担っている。特に20世紀以降，フィジカル・カルチャーは雑誌メディアを通じてアメリカ大衆に広く受け入れられ，数多くの雑誌が創刊されてゆくが，こうした需要の背景にあるのはスポーツと同じく，やはり階級制度のない大衆社会であるという特徴であろう。米国においても，19世紀後半まで，男らしさを測る基準は身体の逞しさや外見というよりは，むしろ自営の立場にあるかどうか——人に雇われる立場ではなく自立している——という職業的な点に求められたという。つまり，独立して自分自身の生活を成り立たせていけるという立場こそが一人前の男性と認められる上で重視されたということであり，この点はイギリスにおける階級と同様，むしろ環境的な側面に焦点を当てた価値観といえる。

　しかし，こうした状況は徐々に変化し，アメリカ的な男性性の理想は身体を志向するようになる。ビーダーマンは『男らしさと文明』において，20世紀に入る頃からそれまで男らしさの要素として重視されていた自立や自己抑制といった内的側面は影を潜め，「ビクトリア時代後期には力強く大きなヘビー級ボクサーの身体が（ミドル級やウェルター級の身体よりも）男性性の典型と考えられ」るようになり，男性の理想的体型は引き締まった痩せ形から筋肉隆々の巨体へと変化したと指摘する。そして1930年頃までには，それまで「男らしさ」を表すために使用されていた言葉も伝統的な「マンリネス」——精神的な側面を重視する概念——から身体の有り様や逞しさ，生物的な側面を指す「マスキュリニティ」へと変化していったという［ビーダーマン 2004］。これは，男性性の理想がもはや内面的な資質ではなく，視覚的な逞しさ・大きさへとその比重を移したことを表している。

　当時，階級意識の根強いイギリスやヨーロッパでは，スポーツそれ自体を目的化して勝つために過剰な努力をしたり，またそのために身体を鍛えトレーニングするという発想は希薄であり，上流階級にふさわしくない実用的な（プロフェッショナルな）価値観と捉えられた。そのため，男性身体の理想というものもあくまでアマチュアとしておこなうスポーツ活動によって鍛えられる範囲の

逞しさであり，ましてや「逞しくなる」ための筋力トレーニングや，「逞しく"見える"ようになる」フィジカル・カルチャーがスポーツ的理想と結びついてゆくのは，むしろアメリカよりも遅い時期になる。一方，スポーツと同様フィジカル・カルチャー（後のボディビルやフィットネス）もまた，階級のないアメリカ社会においては大衆全般に受け入れられることで国民的な文化となり，現在に続く身体的にマッチョな男らしさ——視覚的な男らしさの理想像——をメディアを通じて世界に発信することで，現代的な男性ジェンダーの価値観に大きな影響を与えることにも繋がった。

　そして，その理想は特に当初，ボクシングやレスリングの重量級選手や野球，アメフト選手などスポーツヒーローという形で人びとに受け入れられてゆくことになった。これはまた，知識や情報を中心とした文化の比重が高まる近代社会において，「男らしさの理想」を体現し，視覚的に提示できるような身体の実践を中心とした文化として，スポーツが唯一に近い選択肢となっていったこととも関連している。

③ 男らしさのセクシュアリティ（異性愛）化
—— スポーツと男性ホモソーシャリティ

　男性ジェンダーの理想が，スポーツによって形作られるスポーツマンシップやリーダーシップなどの精神性（内面）に加え，同じくアメリカを経由したスポーツやトレーニングといったフィジカル・カルチャー的な価値観によって，逞しく筋肉的であるという身体性（外見）をも含んだものになった一方，その理想はもう一つの重要な要素——つまり異性愛というセクシュアリティをも規範化することになった。これは，特にスポーツと結びついた「男らしさ」の理想というものが，ジェンダーという社会的性役割（あるいは身体の輪郭）だけでなく，セクシュアリティ（狭義の性的指向）をも含んだ概念になったことを示している。

　フーコーが述べるように，近代を迎えた社会では，疑似科学・医学的な言説によってさまざまな分野で正常と異常の弁別が推し進められ，中でも，性／セクシュアリティはその顕著な領域であった。ヴィクトリア朝というその禁欲的

な時代性によってまさにフーコーの取り挙げる事例となったイギリスでは，19世紀後半を通じて急速にセクシュアリティの規範化を強めつつあり，それまでは伝統的に"好ましくない悪癖"としてその行為に焦点化されていた同性間（特に男性）の性的な行為や接触は，徐々にその行為者の内面を問題化しそれを「同性愛者」——つまりはセクシュアリティによってアイデンティティ化された種族——として排除し，犯罪として取り締まるようになった。先述の通り，この時期に蔓延した社会ダーウィニズムと優生学的発想は，進化論の否定的側面として「退化」「退廃」の恐れを前景化し，同性愛はこの代表的な兆候として放逐の対象となったともいえる。

　スポーツは，それを通じた身体の壮健な発達によって，これら退化の兆候を払拭し，健全なる精神を育む活動とされたのであり，ここで再び「健全なる魂は健全なる身体に宿る（宿れかし）」の理想が，その「健全なる魂」のリストに「異性愛」をも書き込むこととなった。ホルトは，この時期のパブリックスクールにおけるスポーツが，好ましい男らしさを達成する上で中心的な役割を担っており，また，この「男らしさ」が，その身体的な定義（どのような外見が男らしいと見なされるか）と新たな道徳観を提示することによって，性的な要素を分離し得ていたと述べる。そして，「男らしさの新たな道徳観が効力を発揮してゆくまさにその時期，"男らしさ"の対極を成す存在の具現化として，同性愛者という像が定義された」のであり [Holt 1990]，「唯美主義者と同性愛者が男性性のアンチテーゼであるが故に，男らしさとスポーツは互いに手を携えることとなった」[Townson 1997] といえる。結果としてスポーツは，女性の排除に加えて，セクシュアリティの上でも異性愛に限定された文化，つまり男性ホモソーシャルな領域として存続してゆくこととなった [岡田 2006]。

　ホモソーシャリティ，あるいはホモソーシャルな絆とは，同性同士の友情や信頼にもとづいた排他的な権利関係とされ，その構成要件として，異性および同性愛者の排除がともなう。この内容からすれば，理論的には男性にも女性にもホモソーシャルな関係性は成り立つはずではあるが，実際には近代以降の男性優位社会で女性が排他的な権利関係を構成する集団となり得ることは稀であり，多くの場合，ホモソーシャリティとは男性同士の絆であると言って良い。そして近代から現代に至るまで残されてきたもっともホモソーシャルな領域の

代表が，軍隊とスポーツであると言われている。そのどちらも強固な男性中心的価値観で占められ，そもそも近代の成立期においては，男性のみで構成されるモノセックスな領域として制度化されてきた点は，先に述べた女性（異性）の排除という要素を完全に履行し得ているといえる。

　異性愛男性同士で絆を深め，自分たちの価値観や権威を保っていく中で，視覚的に異なるジェンダーである女性の排除は容易であるが，一方の男性同性愛者は同じ男性ジェンダーとして見分けることはできず，意図的に男性ばかりを集める集団においては，結果的にその内的脅威であるはずの同性愛者を内包する可能性も自ずと高まる。その結果，常につきまとう脅威としての同性愛者を探し出してでも排除しようとする諸力が高まることになり，この排他の力学こそが同性愛嫌悪（ホモフォビア）であるといえる。そして，軍隊とスポーツがともに現代においてもっとも同性愛嫌悪の強い領域であると指摘し続けられてきた点を考え併せれば，自ずとホモソーシャリティというものの性質が理解できるだろう。

　女性のスポーツ参加の機会が拡大した現代にあっても，プロや高い競技レベルでの実践に関しては，男女別カテゴリーという形でいまだに完全な（男性にとっての）女性排除が保たれるスポーツの世界は，ある意味では男女混成の進展しつつある軍隊を上回る，純度の高いホモソーシャル領域であり続けているということもできるかもしれない。なおかつ，スポーツが男らしさのジェンダー的理想像を送り出す役割を担うようになって以来，その理想には常に"異性愛者である"というセクシュアリティの規範が埋め込まれてきたのであり，こうした意味でいえば，スポーツによって可視化される「男らしさ」とは，より正確には常に「ホモソーシャルな男らしさ」であったといえるだろう。これは，長らくスポーツにおいてゲイ男性が，その競技パフォーマンスや身体性（男性ジェンダーの理想をまっとうしていること）と関わりなく苛烈な差別を受け，排除され続けてきた理由でもある。このスポーツにおける同性愛嫌悪に関しては，後の章で詳述する。

4 近代スポーツの限界
——ジェンダー的には"欠陥"文化？

（1）ジェンダー平等が原理的に不可能な文化

　これまで述べてきたように，現在中心的におこなわれている競技スポーツの多くは，あくまでも男性の身体的資質のみを前提に形づくられ，それが有利に働くように制度化されてきたものといえる。さらにいえば，スポーツが近代的な価値を備えたアスレティックなものに変容してゆく場となったのが19世紀のイギリスであったことを考えれば，近代スポーツが基準とした男性身体とは単にジェンダー化された身体という条件にとどまらず，おそらくは人種化（イギリスで中心的なアングロサクソン系白人），そして年齢化（少年〜青年期を想定）もされた身体であったはずである。つまり，こうした人種の多い寒冷かつ乾燥した地域で若者たちが実践し，なおかつその身体パフォーマンスが発揮されやすく，プレイして面白いと感じられる活動が選りすぐられてきたものが近代以降のスポーツなのであり，その中心に置かれてきた男性ジェンダーの理想的身体というものもまた，本来は多様なはずの男性身体の一ヴァリエーションに過ぎないと考えることもできるだろう。「東アジア系男性は身体が小さいから白人選手には敵わない」であるとか，「アフリカ系の選手はスポーツに向いている」，あるいは逆に「小柄な東アジア系男性は体操競技で有利だ」というような，ある意味で馴染みのあるこうした言説が（それが必ずしも正しいかどうかは別として）なかば当然のように通用し，不承不承ながらも受け入れられてきたこと自体が，「スポーツする身体」の理想の内部にある差異を——同じ男性ジェンダーのカテゴリー内ですら——あぶり出してもいる。

　しかし，同ジェンダー内の差異が結果的に不可視化され，少なくとも競技規定などの上では問題化されないことに対して，女性／男性というジェンダー区分をまたぐ身体差は，近代スポーツにおいて原理的に克服することのできない条件として横たわり続けている。近代以降，女性が組織的にスポーツに参加する機会は長らく閉ざされてきた。制度化された競技スポーツにおいては，その実践やルールのみならず，団体組織や運営，商業化・メディア化による資本との結びつきを強める過程を通じて，女性の身体がその中心に位置づけられるこ

とは一部の“女性競技”を除いてほとんどなかったといえる。結果，スポーツの中心には筋力を中心とした要素が高パフォーマンスを生む，男性身体が優位になりやすい競技が定位するようになり，女性の資質が不利になるとともに，混成での実践が不可能な領域として固定されてしまったといえる。

　その後，特に1970年代以降，現代スポーツの中心となってきたアメリカ合衆国における男女平等・女性の権利拡張の流れの一環として，スポーツや体育を含んだ教育領域におけるジェンダー平等を目指した法律「タイトルナイン[3]」の後押しもあり，それまで男性部門しかなかった多くの競技において新たに女性部門の設置が進み，男女別カテゴリーながら参加の機会が伸張したことは事実である。日本においても，体育系の大学や学部における男女共学化の進展や，中等教育での保健体育カリキュラムが授業数の上でジェンダー平等へと向かったことも，広い意味ではこのような流れを受けた変化であるといえる。しかし，これらの潮流はあくまでも男女カテゴリーを分けた上での，いわばスポーツ参加における「機会の平等」を目指すものであり，近代スポーツそのものが内包してきた身体の規範は原理的に男性——あえていえばシスジェンダー男性[4]中心のまま温存されている。

（2）体力／身体能力という神話

　このシスジェンダー男性の生物学的身体を中心とした規範／基準は，常に近代スポーツの中心に置かれてきたにもかかわらず，なかば自明の事柄として問い直される機会は少ない。その理由としては，スポーツという文化があまりにも普遍化したことに加え，身体そのものを用いて競い合うという近代以降では数少ない領域として発達したため，その中心にある身体の性差が原理的な差異として解釈され，解消する必要がない，あるいは当然解消することのできないものとして受け入れられてきたことにある。さらにいえば，こうした解釈に説得力を与えてきたのが，身体の能力を測る代表的な基準としての「体力」という概念でもあった。スポーツが男性優位になることの前提として，「体力」は

　3） タイトルナインの詳細に関しては第2章を参照。
　4） シスジェンダーはトランスジェンダーの対義語であり，出生時に割り当てられた性別と自らのジェンダー・アイデンティティが一致していることを示す。

常にその根拠とされてきた。平均で比較してみれば，たしかに男性の体力は女性を上回るため，その身体の力を応用するスポーツ競技で男性のパフォーマンスが上回るのもまた自然なことだ，という理屈である。しかも体力という指標は，生理学や運動科学といった非常に"科学的"な体裁を整えて用いられる概念であるため，中立な

図1-2　新体力テスト実施要項（6歳～11歳対象）

Ⅰ	**テストの対象** 6歳から11歳まで（小学校全学年）の男女児童
Ⅱ	**テスト項目** 握力 上体起こし 長座体前屈 反復横とび 20mシャトルラン（往復持久走） 50m走 立ち幅とび ソフトボール投げ

基準であると理解されやすい。しかしながら，歴史的にみても体力という概念はそもそも男性が優位になるように設計されてきたものである。

　体力を測定する基準は世界に広く存在するが，たとえば日本の学校教育では長らく「体力テスト」がその指標として用いられてきた（図1-2 [5]）。このテストでは8項目を測定し，そのスコアを総合して「体力」の値としているが，その多くは筋力を中心とした動作である。唯一の例外が，身体の柔軟性を問う長座体前屈であるが，平均的に見れば筋力は男性の方が優位になりやすく，柔軟性は女性に有利な身体的資質である。事実，この項目のみで女性のスコアは男性を上回るが，他の7項目を含めると体力の値は当然ながら男性が上回ることになる。しかしながら，もしこの体力テストで測定する内容を筋力と柔軟性で4項目ずつに設定したならば，男女の"体力差"はなくなるはずである。

　また，熊安が指摘するように「ソフトボール投げ」は幼い頃から野球やキャッチボールに親しむ機会の多い男性に有利になりやすい動作であり，ここには筋力のみならず，環境的に男性に期待されてきた要素——つまりはジェンダー化された価値観がすでに含まれているともいえるだろう［熊安 2003］。前半部で述べたとおり，スポーツは男性身体のみを前提として発達してきたものであり，男女ジェンダー間のパフォーマンス差の根拠と考えられるようになった体力もまた男性に優位な指標だとするならば，両者の関係はお互いに男性優位

5）　文部科学省　新体力テスト実施要項より転載。

の起源を曖昧にしつつ，その正当性を補完し合う共犯関係でもある。あるいは，体力とはもっぱらスポーツという活動で重視される男性の身体能力（の一部）を測ってきたに過ぎないものだ，とその堂々巡りの関係性を相対化することもできよう［岡田 2019］。

（3）性別二元性とジェンダーを越境（移行／わたる）することの困難

こうした，近代という価値観を内面化しながら成立してきたスポーツの原理的なシスジェンダー男性優位という限界について，多木は「社会文化として欠陥がある」と述べている［多木 1995］。つまり，近代から現代に至る過程で，性や身体に関する価値観や現実は常に更新されてきたのであり，少なくとも平等や民主主義といった価値を奉ずる国・地域においては，公的領域におけるジェンダー格差の是正は必須の事柄となっているにもかかわらず，近代スポーツはその身体性に依拠した文化であるが故，その中心的価値においては原理的にジェンダー平等が不可能な領域として存在しているという指摘である。こうした制約を残したまま，普遍的な広まりを有する文化としてあり続けることは，すでに現代の価値観との間で解決不能な離齬をきたしているともいえ，実際にスポーツは多くの問題に直面している。

その代表的な課題として，現在スポーツの領域で大きな議論となっているのが，トランスジェンダー女性と性分化疾患（DSD）女性の選手である。トランスジェンダーとはシスジェンダーと対の概念であり，出生時に決定されたジェンダーとは異なるジェンダー・アイデンティティ（性別同一性）を有し，なおかつそのジェンダーへ移行して生活を送る存在である。また，DSD とは身体的な性の分化が標準的ではなかったり曖昧である状態を指し，特に DSD 女性の場合，内分泌物であるテストステロン（男性ホルモンとも呼ばれる）の値が平均的な女性を上回ることが指摘されている。トランスジェンダー女性と DSD 女性は，スポーツ参加に際して共にそのテストステロン値を中心とした“男性的”と区分される資質の多寡が問題とされ，女性カテゴリーで競技する上で多くの障害が存在するとともに，高いハードルが課せられている。その理由としては，女性カテゴリーで競う際にこうした資質が有利に働き，シスジェンダー女性との公平性が保てないためと説明されるが，実際にはこの対立軸自体が仮構され

たものであり，このような問題が惹起されるその本質的な原因は，これまで述べてきたようにあくまでもスポーツにおけるシスジェンダー男性優位と性別二元性という構造そのものにあることは明らかであろう。

　近代スポーツは現在に至るまで，男性ジェンダー内部における同性愛男性排除というセクシュアリティ秩序に加え，女性の傍流化というジェンダー格差，さらにはその二元性を超える存在であるトランスジェンダーあるいはDSDの人びとの身体への介入と排除という問題を内包してきた。そうした意味で，スポーツは性に関する非常に大きな制約を課された文化であると同時に，その問題の多くが解決されないままグローバル化し，社会のあらゆる領域に大きな影響力を及ぼす存在となっている。そしてその最大の懸念は，現代を生きる誰しもが，こうしたスポーツの及ぼす諸力の網の目から逃れることが困難な状態──メディアを通じたイメージや資本との結びつき，教育，健康や高齢化に駆動される政策，政治など……──に置かれている点にある。こうした前提のもと，以降の章においては，スポーツとジェンダー，セクシュアリティおよび身体の諸問題について考察する。

引用・参考文献

飯田貴子［2000］「「女は体力がない」にひそむセクシズム」渡辺和子，金谷千慧子，女性学教育ネットワーク編著『女性学教育の挑戦──理論と実践』明石書店。

岡田桂［2006］「スポーツ文化と男性性の理想──消されたオリンピック」菊幸一，仲澤眞，清水諭，松村和則編著『現代スポーツのパースペクティブ』大修館書店。

────［2014］「世紀末イギリスの柔術ブーム──社会ダーウィニズム，身体文化メディアの隆盛と帝国的身体」上野和子，大東俊一，塚田英博，丹羽正子編著『ヴィクトリア朝文化の諸相』彩流社。

────［2019］「男女平等なスポーツは実現可能か？──男性文化としてのスポーツとジェンダー」田島良輝，神野賢治編著『スポーツの「あたりまえ」を疑え！──スポーツへの多面的アプローチ』晃洋書房。

熊安貴美江［2003］「男女いっしょの体育は無理？──スポーツ・身体とジェンダー」天野正子，木村涼子編『ジェンダーで学ぶ教育』世界思想社。

セジウィック，イヴ，K.［2001］『男同士の絆──イギリス文学とホモソーシャルな欲望』上原早苗，亀澤美由紀訳，名古屋大学出版会〈Sedgwick, E. K.［1985］*Between Men: English Literature and Male Homosexual Desire.* Columbia UP.〉

多木浩二［1995］『スポーツを考える──身体・資本・ナショナリズム』筑摩書房。

望田幸男，村岡健次監修　有賀郁敏ほか［2002］『スポーツ──近代ヨーロッパの探究8』ミ

ネルヴァ書房。

ビーダーマン，G.［2004］「マンリネス（男らしさ）と文明」土屋由香訳，『現代のエスプリ』小玉亮子編，no. 446,，至文堂，83-101。

松井良明［2000］『近代スポーツの誕生』講談社。

村岡健次，鈴木利章，川北稔編［1995］『ジェントルマン・その周辺とイギリス近代』ミネルヴァ書房。

Anton Budd, M.［1997］*The Sculpture Machine: Physical Culture and Body Politics in the Age of Empire,* Macmillan.

Bederman, G.［1996］*Manliness and Civilization: A Cultural History of Gender and Race in the United States, 1880-1917,* University of Chicago Press.

Holt, R.［1990］*Sport and British: A Modern History,* Oxford UP.

Johnson, K.［1998］"GAY GAMES; Event Founded to Fight Bias Is Accused of It", *The New York Times,* August 1.

Mangan J. A.［2017］*Athleticism in the Victorian and Edwardian Public School: The Emergence and Consolidation of an Educational Ideology,* Routledge.

Mount, F.［2010］*Full Circle: How the Classical World Came Back to Us,* Simon & Schuster Ltd.

Townson, N.［1997］*The British at Play: A Social History of British Sport From 1600 to the Present,* Cavallioti Publishers.

第 2 章

女性ジェンダーとスポーツ

「女性のスポーツする権利」から「スポーツする権利のある女性」へ

はじめに

　女性スポーツとジェンダーに関する文献は，近代以降の内容が圧倒的に多い。これには次のような理由が考えられる。1）「近代」という時代フレームの中で，近代社会の主体形成のためにスポーツの活用方法が発見され，スポーツが近代化されたこと，2）近代社会は家父長制を強化し，近代化されたスポーツを通じてジェンダー規範が再生産されたこと，3）近代以降を扱うジェンダー研究も多く，それらの知見を女性スポーツ研究に応用可能であったことなどである。さらに4）女性のスポーツへの参画も女子教育の発展とともに拡大し，スポーツの中の女性を対象にすることができるようになった点も挙げられるだろう。

　この章では，社会の近代化によって「女性」がどのように構築されていったのか，特に女性の身体を中心に見ていく。また，身体活動をともなうスポーツから排除され，男性と対等なスポーツする機会を求めてきた「女性スポーツ」の歴史をふりかえるとともに，新たな「性差の科学」が競技に参加できる「女性」を作り出しながら，近代スポーツの限界を晒していることについても言及する。

1　近代スポーツの中の「女性」
──女性スポーツの高まりと抑圧の間で

　18世紀後半から19世紀にかけて，機械の発明・技術革新によってそれまで産業の中心であった農業が，工業へと変化した。蒸気機関が開発され，鉄道や

蒸気船に応用されたことで交通にも変化が起こった。産業や交通の変化は社会構造そのものを大きく変えたことから産業革命と呼ばれているが，産業革命によって資本を得た新興中産階級（産業資本家，ブルジョワジー）を中心に，絶対王政や封建的権力の打倒を目指した市民革命も起こった。

　新興中産階級の子弟たちは，当時エリート男子のみに開かれていたパブリックスクール（私立学校）にも参入していくこととなった。19世紀はじめ，ラグビー校のトマス・アーノルドは，自由奔放に過ごし，時に暴力沙汰を起こす生徒たちが通うパブリックスクールの改革に着手することとなった。その改革の内容は，勤労の尊さや勤勉さ，強い意志と努力を強調する禁欲的性格，自己犠牲的価値観や福音主義的価値観を内面化した「クリスチャン・ジェントルマン」の育成であり，このアーノルドの思想は特に新興中産階級から多くの支持を得た。というのも上流階級のように生まれた時から伝統や権力を有していない新興中産階級は，自らの社会的地位を「成果主義」に依拠したためであり，同時に，勤勉で禁欲的な労働者の確保を必要としていたからである。

　アーノルドの弟子たちは，「アスレティシズム」の思想を，特に集団スポーツを通じて広めていくこととなった。つまりそれは，集団スポーツが人格教育にとって有効であるとする考えや態度のことであり，ゲームを通じて公平・公正（フェア・プレイ）の精神，強調性や忍耐，集団への忠誠心，自己犠牲，「男らしさ」が養われると考えられた。パブリックスクール内外の対抗戦がおこなわれるようになると，ルールの統一化，用具や施設の規格化も進むようになり，指導者も登場するようになった。これにより記録追求や効率性，合理性，優勝劣敗などを重視する近代スポーツが誕生することとなった。

　19世紀前半から，工業化と都市化によって衛生環境の悪化が社会問題となったイギリスにおいては，強健な身体であると同時に衛生・健康な身体を保つことも，新興中産階級のアイデンティティにおいて重要であった。フランスの思想家ミシェル・フーコーによれば，19世紀初頭からヨーロッパを中心に中世の見せしめによる裁きのための権力に代わって，身体を管理し，訓練する規律権力，すなわち，自らが自らの欲望や行動を管理し，制限し，規制する，近代社会にふさわしい身体と精神を持つ主体形成のメカニズムがあらゆるところにできあがっていったという。19世紀はじめのヨーロッパで，スポーツや

体操といった身体活動が注目されたのは，それらが近代社会の構成員を形成するための手段とみなされたためと考えられるが，身体活動を通じて形成される近代社会の構成員は，男性のみに限られていた。

　同時にこのことは，女性と男性の身体は構造的に同じであるとする「ワンセックスモデル」から，男性（の身体）とは全く異なる「女性（の身体）」という考え方（「トゥーセックスモデル」[1]）のはじまりでもあったと言えよう。

　19世紀の半ば以降，アメリカとイギリスでは女子高等教育機関の設立が進んでいたが，女性の参政権運動[2]も高まっていた。教育を受けた女性たちの社会進出や発言力は，家父長制秩序のもとでは脅威と感じられ，「性差の科学」を多数誕生させるきっかけともなった。すなわち，ヴィクトリア期[3]は，権利獲得や社会進出を求める女性たちと，女性たちに私的領域にとどまることを奨励する「専門家の言説」とが真っ向から対立した時代でもあったと言える。

（1）女子高等教育と身体活動 ── 脅威としての「女性」

　アメリカでは，1837年にマウント・ホリヨーク大学が女子大学として創立されたのを皮切りに1889年までの間に「セブン・シスターズ」と称される7つのリベラル・アーツ・カレッジの女子大学が創られた。アメリカの女子大学では，カリセニクスという女子のために発展した体操が主におこなわれていたが，反復だけの運動に若い女性たちは満足できず，すぐにスポーツを学校のカリキュラムとして採用した。1896年4月に，カリフォルニア大学バークレー

　1）トマス・ラカー（1994）『セックスの発明──性差の観念史と解剖学のアポリア』高井宏子ほか訳，工作舎を参照のこと。
　2）1848年にニューヨーク州のセネカ・フォールズでは，ルクレシア・モットとエリザベス・スタントンが発案者となって女性の権利獲得のための会議を開いた。この会議で草案として作られた「感情宣言」には，女性が離婚する場合に親権を得る権利，虐待をする夫に対して法廷で証言をする権利，女性がさまざまな職業に就き，その給料を夫に渡さず自分が保持する権利の他，女性の投票権が盛り込まれていた。南北戦争の終戦から間もない1869年には，女性に参政権を与えるよう憲法を改正する提案が出されたが，一部の州を除いてアメリカ連邦政府が女性の参政権を認めたのは，20世紀になってから（1920年）であった。
　3）ヴィクトリア時代は初期（1837年から1850年），中期（1850年から1870年代），後期（1870年代から1901年）に分けられる。

校とスタンフォード大学における大学対抗試合がおこなわれたが，その際，ホスト校は男性の観客を入れないようにしていた。

　イギリスでは1869年に初めて女子の高等教育機関としてケンブリッジ大学ガートンカレッジが創られた。その10年後の1879年には，オックスフォード大学にも女子の高等教育のためにサマービル・カレッジが設立された。

　男子だけのパブリックスクールを模した女子のための私立中等学校も創設された。チェルトナム・レディース・カレッジでは，1900年初頭まではカリセニクスやスウェーデン体操が中心で，ボールゲームや競技形態の活動，学校間の対抗戦などはおこなわれていなかった。イギリスで最初の女子全寮制のガートン・カレッジ（ケンブリッジ大）が1869年にエミリー・デイヴィスによって設立されると，ウォーキングや水泳，クロッケーが推奨され，1877年には体育館も建てられた。1860年代から1870年代にかけて，イギリスではテニスの対抗試合もカレッジ間でおこなわれていたとされる。

　女子教育の高まりとそこでの活発な身体活動とは裏腹に，19世紀は差異とヒエラルキーとが強調される時代でもあった。アメリカの歴史学者シンシア・イーグル・ラセットによると「人間は皆同じだという概念を打ち砕いて，あるグループとあるグループとの不当な比較を推進」することで「個別の特殊性」を無視し，類型（カテゴリー化）が多く作り上げられていったという。その類型の根拠には「計測可能な側面」が強調されたため，「もっとも変化しにくい肉体的性質が前面に押し出され」，その肉体的差異でもっとも目についたのが性別と肌の色だった［ラセット 1994：16］。その社会背景として，当時，参政権運動や女性の権利を主張する女性たちの存在が，人種の脅威よりも物騒と考えられ，それゆえに「科学者たちはこの社会不安に対処すべく，社会における男女の役割の違いを正当化するような両性の差異を，根気強く詳細に調べ上げた」［ラセット 1994：20］。この時代の解剖学，生理学，進化論的生物学，自然人類学，心理学，そして社会学などが，性差に関する総合的理論を作りあげ，今日の自然科学や社会科学の礎になっていった。

　「科学言説と「女性」の構築」を著した横山美和によると，科学的知見を「客観的」とみなす啓蒙主義の影響により，男女の「性別」が科学言説によって構築され，社会秩序の正当化にも使われてきたことを指摘している。特に横

山は，19世紀後半に現れた医師でありハーバード・メディカル・スクールの薬物学の教授でもあったエドワード・ハモンド・クラークが提唱した教育論の政治性について鋭く分析している。

　クラークの主張は1840年代に確立したエネルギー保存則[4]にもとづき，肉体的活動（筋肉）と知的活動（脳）は同時に機能させることはできず，エネルギーを奪い合うとするものであった。クラークにとって女子の思春期における月経は，生殖器を発達させるもので，筋肉や脳を活発に働かせることにより生殖器の発達に必要な血液とエネルギーが奪われてしまうと考えられていた。このような「科学言説」が，女子教育は男子とは異なる方法でおこなうべきとする根拠にもなっていった。また「科学言説」は，当時本格的になっていた女子の高等教育機関への進出や大学共学化の動きを抑え込み，女性を私的領域（家庭）に押し留めたい保守派の主張にも使われていったという。横山はクラークの論が支持された背景について，1859年に発表されたチャールズ・ダーウィンの『種の保存』の影響があったとし，出生率が低下していた白人中産階級が逆淘汰されていく不安によって未婚傾向の高い，高等教育を受けた女性たちが問題視された可能性を指摘している［横山 2008：46-72］。

（2）スポーツクラブの発展 —— 「女性らしさ」とのせめぎ合い

　いっぽう，カレッジでスポーツに魅了された英国女性たちは，卒業後はカントリーハウスや植民地の保養地などでスポーツをした。上流階級の女性たちは，狩りに行ったり，クロッケーやテニスをしたり，アーチェリーを楽しんだが，それ以外のスポーツは「男らしい」活動とされ，女性たちにはふさわしくないとみなされた。1859年に南オーストラリアのアデレードで企画された「レディースレース」は女性には品のない嗜みとされ中止となり，ニュージーランドでも1891年に企画されていた女子ラグビーツアーが，世間の声に押されて中止された。ただアーチェリーだけは，女性にも適した（優雅さを失わずにできる）スポーツとみなされていた。またクロッケーも上流階級の中でもっとも人気のある余暇の一つであり，1869年には男女会員による全英クロッケークラ

　4）　エネルギーの総量は物体が移動したり形態が変化しても総量は一定であるという法則。

ブが創設された。

　上流階級女性のテニスやゴルフの愛好者は，男性と一緒にプレイすることが許されていた。1884年にはウィンブルドンで最初の女子の試合がおこなわれた。スコットランドのロイヤル・マッセルバーグ・ゴルフクラブでは，1810年の時点で女性のゴルファーにも賞金を与えていた。スコットランドのアバーフォイルゴルフクラブやティルコウルトリ・ゴルフクラブでは，会員の3分の1が女性ゴルファーであった。中央スコットランドでは，31のゴルフクラブのうち，少なくとも13のクラブに女性のメンバーがいたことがわかっている。1893年には，レディースゴルフ組合が誕生し，その夏，イングランド，アイルランド，フランスから来た38名の女性によって初の国内トーナメントがおこなわれた[5]。

　「性差の科学」が席巻する社会において，当然のことながらホッケーに反対する人たちもいた。反対する人たちは，ホッケーが女性の容姿や繊細な神経に悪影響を与えると訴えた。賛成派は，女性ホッケー選手の優雅さと「女性らしさ」を強調することで反対派の主張を払拭しようとした。しかし1895年，イングランドホッケー連盟が女性を受け入れないと決めると，すぐに女性たち自らレディースホッケー連盟を創設した。レディースホッケー連盟は，1901年に『ホッケー・フィールド』という女性スポーツに特化した定期刊行物を出版し，練習や試合は平日の日中におこなわれていたが，労働者階級の女性は排除されていた。

　アメリカでも，イギリスと同様，上流階級の女性たちの間でクロッケーが人気となった。クロッケーは最小限の動きでできたため，女性たちはサマードレスでもプレイをしていたが，アメリカでは1850年代に，女性の権利運動家，エリザベス・スミス・ミラーが考案したズボンとショートドレスを組み合わせたデザインの服を，アメリア・ブルーマーが雑誌上で紹介し，人気を博すようになっていた。

　1874年にバミューダ諸島から伝わったテニス（エレオノラ・シアーズの父，フレッド・シアーズとジェームズ・ドワイトが伝えたとされる）は，他のどのスポーツよ

　5）　マーガレット・スコットが優勝し，彼女は1894年，1895年にも優勝している。

りも，上流階級の女性たちによって服の改良が進んだとされる。アメリカでは画家のチャールズ・ダナ・ギブソンの描く，「ギブソン・ガール」が1890年に登場し，四半世紀の間，アメリカの審美的な理想像であった。エレオノラ・シアーズは，全米選手権のダブルスとミックスダブルスで5回優勝し，スカッシュの最初の全米チャンピオンにも輝いた生きたギブソン・ガールのイメージであったとされる [Guttmann 1992]。

　1880年代になると，自転車乗りがアメリカの上流階級の女性たちの間で大流行した。しかし，女性たちが自転車乗りに興じる姿は，「子宮や背骨に悪影響を及ぼす」とする身体へのダメージから，「目がぎらつき，自転車顔（bicycle face）になってしまう」とする女性の容姿に対する懸念まで，当時の（男性の）医者などから声が上がったと言われている [Vertinsky 1994]。

　テニス，ゴルフの選手権やトーナメントがおこなわれたり，ホッケーなどの連盟が発足するなど，主に上流階級の女性たちの教育機関やクラブなどでスポーツは享受され，発展していった。無論，現在のように速さ，高さ，力強さを競い合うものではなく，スタイルやフォームの美しさを競い合う，比較的動作の小さな種目に限定されていたため，コルセットをはめた長いドレスでもおこなうことが可能であった。それゆえ女性のスポーツは，「道楽」「素人芸」等のレッテルをはられがちであったが，女性たちがスポーツに興じる姿は，女性の参政権運動や高等教育への進出と同様，男女の「性差」を強化したい家父長制社会の中では脅威に映ったと言えよう。

② スポーツから排除される「女性」──20世紀以降

（1）第二次世界大戦前まで

　20世紀に入ると，女性スポーツは少しずつ競技性を高めていくようになる。1896年の第1回アテネ五輪には，女子選手の参加は認められなかったものの，1900年のパリ大会では22人の女性選手が5種目（セーリング，ゴルフ，クロッケー，馬術，テニス）に登場した。

　イギリスでは，19世紀後半から女子のサッカーがおこなわれ，男性が戦場

に駆り出された第一次世界大戦の頃になると，イギリスの女子サッカーは大変な人気を博していた。その流れはフランス，ベルギー，ドイツなどにも伝播していった。フォーブスのウェブ記事（100 Years On, Dick, Kerr Ladies Highlight Unfulfilled Potential of Women's Soccer）によると1920年，ディック・カー・レディースFCとセント・ヘレン・レディースとの試合を約53,000人が観戦したと言われているが，この女子サッカーの人気と熱狂ぶりを危惧したイングランドサッカー協会（FA）は，翌年，「サッカーの試合は女性には全くふさわしくないので，奨励すべきではない」という当時の根拠のない医学的知見

図2-1：アムステルダムオリンピック（1928）の800m走に出場した人見絹枝（写真左）

にもとづいて，男子のプロクラブがスタジアムで女子の試合を開催することを禁じた（この禁止令が解除されたのは，半世紀後の1971年だった）。ちなみに日本では，明治期の女学校の運動会プログラムに「フートボール」が記載された新聞記事や，大分や香川の女学校でサッカーに興じる女学生の写真が見つかっている［崎田ら 2021：311-326］[6]。

　1911年に女性文芸誌『青鞜』が発刊した日本では，平塚らいてふや市川房枝らによって婦人参政権運動の機運が高まっていったが，同じ年に大日本体育協会が嘉納治五郎によって創設された。嘉納治五郎はアジア圏で初めての国際オリンピック委員会（IOC）の委員となり，国内では講道館柔道を確立し，女子にも柔道の門戸を開いた（ただし，女子に試合をする機会は与えられなかった）。

　1928年には，人見絹枝が日本から出場した女子選手として初めてオリンピック（アムステルダム大会）に出場し，800mで銀メダルを獲得した（図2-1）。

---

[6]　日本ではその後，1960年代から学校やクラブチームなどで女子サッカーチームが設立され，1979年にはFIFAの通達により日本女子サッカー連盟が設立した。

しかし，女子800m走は，十分な根拠もなく「女子には過酷すぎる」と考えられ，1832年のロサンゼルス五輪から1956年のメルボルン五輪まで女子種目から除外されることとなった［結城 2004］。

アメリカでは，第二次世界大戦でメジャーリーガーたちが戦場に赴くようになると，その興行の担い手は女性に取って代わった。1943年には全米女子プロ野球リーグが発足し，メジャーリーガーたちが戦地から戻ってきても1954年まで運営された。

二つの大戦をめぐって，女性のスポーツは一時的に男子選手の穴を埋める形で発展したものの，男子選手が戦場から戻ると，女子選手は家庭に戻ることが期待された。また，イギリス女子サッカーが禁じられたり，オリンピックの女子種目から800m走が外されたように，十分な根拠なく女子はスポーツをする機会から排除されていた。

（2）性別判定検査の出現

第二次世界大戦後まもなく，ドイツはソ連とアメリカの冷戦構造の象徴として，東西に分断され，その後アメリカ，ソ連を中心とする軍事同盟がそれぞれ結成されるようになった（北大西洋条約機構，ワルシャワ条約機構）。1950年には朝鮮戦争が，1955年にはベトナム戦争が勃発し，1962年には核ミサイルをめぐってキューバ危機が起こったが，いずれも冷戦構造が絡む対立であった。

1950年代から60年代にかけて，アメリカではマイノリティの立場に置かれた人びと，とりわけ黒人たちを中心とする公民権運動が起こっていた。また60年代半ばから大学のキャンパスを拠点としたベトナム反戦運動が起こり，1963年にはベティ・フリーダンの『女らしさの神話』が出版され第二波フェミニズムも台頭した。フランスでは白人男性異性愛中心主義の官僚的な体制の大学に反発した学生たちが，1968年に五月革命（五月危機）を起こし，日本をはじめとする各国の学生運動にも影響を及ぼした。日本では1968年から70年にかけて全共闘運動が起こり，田中美津などを中心に女性解放運動やそれに連動した中ピ連，阻止連などの運動[7]もこの時期に起こっている。

スポーツの国際大会においても，東西冷戦の対立が見られるようになった。1957年，ハーマン・ラッテンは，ナチスの命令により走り高跳びで「ドーラ」

という女性になりすますことを強要されたと告白した。世界大会で優勝した陸上選手やスキー選手も，現役引退後に相次いで性別適合手術を受け，「男性」として生きる選択をしたことから，ソ連や東欧諸国の見た目が「男らしく」，競技能力の高い女子選手に「本物の女性なのか」と疑いの目が向くようになった。

　1966年に開催されたヨーロッパ陸上競技選手権大会（ブダペスト）や1967年のパンアメリカン競技大会（ウィニング・カナダ）で，女子選手だけに視認による性別判定検査がおこなわれた。これは女子選手を裸体にさせ，男性器の有無を確認するものであったため，倫理的な問題が指摘され，すぐに廃止されるに至ったが，その後，頬細胞から性染色体を調べる検査が導入された。この検査で初めて失格となったのは，ポーランドのエヴァ・クロブコフスカであった。1964年の東京五輪女子100ｍの銅メダリストであり，4×100ｍでは金メダルを獲得したクロブコフスカであったが，1967年のヨーロッパカップ（キーウ）にて染色体レベルで女性の特徴を有していないと判断され，競技継続の機会のみならず五輪で獲得したメダルも剥奪された。その後，クロブコフスカは子供を出産し，IOCは1999年に彼女にメダルを返還した。

　スペインのハードル選手であったマリア・パティーニョも，1985年に神戸で開催されたユニバーシアードで，Y染色体を有しているとの理由から，女子種目に出場することが許されなかった。その後，パティーニョ選手は裁判を起こし，1992年のバルセロナ五輪に女子選手として復帰するも，すでに選手としてのピークは過ぎていた。

　現在では，Y染色体を有する女子選手が競技機会を失うことはなくなったが，クロブコフスカ選手もパティーニョ選手も，突如，「女性として生まれ，生きてきた」権利をスポーツの競技会に出場するために奪われ，奇異の目にさらされるばかりでなく，「男なのに女と偽った」とレッテルを貼られながら生きざるをえなかった。後述するようにこの性別判定検査は，性染色体からホルモン

7）　中ピ連とは「中絶禁止法に反対しピル解禁を要求する女性解放連合」の略。阻止連とは「82優生保護法改悪阻止連絡会」の略。いずれも「わたしのからだはわたしのもの」「産む産まないはわたしが決める」とするリプロダクティブ・フリーダムを訴えた女性たちの運動である。

値のチェックへと検査そのものを変えながら，事実上，いまだに実施されている。

3　スポーツする機会をめぐって

　1972年，アメリカでは連邦政府から補助金を得ている学校や大学，教育プログラムにおいて性別にもとづく差別を禁じる法律，「Title IX：タイトルナイン」（教育修正法第9条）が成立した。日系アメリカ人3世でアメリカ初の有色人種の女性下院議員になったパッツイー T. ミンクが草案をまとめた法律であり，2002年から彼女の功績にちなんで「Patsy T. Mink Equal Opportunity in Education Act（IX）」という名称になった。

　タイトルナインは，アメリカの高校，大学における女子スポーツの発展に大きな影響を及ぼすこととなった。タイトルナイン成立以前は，多くの学校や大学で，男子学生と女子学生の入り口は別々になっており，女子学生は自動車整備や刑事司法などの科目を履修することができなかった。ほとんどの医学部や法科大学院では，女子学生の入学者数を1校あたり15人以下に制限しており，多くの大学において女子の入学条件は，男子よりも高いテストの点数や優秀な成績を求めるなど厳しいものであった。さらに，キャンパス内で生活している女性は，夜中に外出することは許されず，女性教員は教職員クラブには参加できなかったという[8]。

　1964年の東京五輪にアメリカ代表の水泳選手として出場したドナ・デ・ヴァローナは，二つの金メダルを獲得したにもかかわらず，大学の奨学金を得ることができなかった。なぜなら，タイトルナイン成立以前は，女子学生のための奨学金は存在しなかったからだ。ちなみにタイトルナイン成立以前の大学の女子選手は5万人を下回っていたが，2018年の全米大学スポーツ協会（NCAA）に登録された女子選手は20万人以上（44%）でチーム数は男子よりも上回った[9]。

----

[8]　教職員クラブの代わりに教員の妻のクラブに参加するように勧められた。

女子の競技参加率や奨学金の増加とともに，タイトルナインでは用具や消耗品，試合や練習時間のスケジュール，旅費や日当，個人指導へのアクセス，コーチング，ロッカールーム，練習・競技施設，医療・雑務，住居・食事施設，広報・宣伝，サポートサービス，学生選手のリクルートなど全てにおいて，男女の学生選手を平等に扱うことが求められている。一方，タイトルナインが成立した直後，大学女子チームの90％以上が女性監督で占められていたが，ミネソタ大学タッカーセンターがまとめた報告によると2019-2020年シーズンのDivision1 に属する352校の女性監督は，42.3％であった[10]。

　タイトルナインが成立した翌年の1973年9月に，女子テニス界のレジェンド，ビリー・ジーン・キング（当時29歳）と元プロテニスプレイヤーでランキング1位になったこともあるボビー・リッグス（当時55歳）の間で「The Battle of the Sexes」と呼ばれるテニスの試合がおこなわれた。リッグスは，男尊女卑であることを自称し，「女性は男性よりも劣っている」「女性は試合のプレッシャーに耐えられない」「自分の年齢でも，どんな女性選手にだって勝てる」などと豪語していた。

　この試合は，ヒューストンのアストロドームに集まった3万人以上の観客と，世界中の5,000万人のテレビ視聴者が直接見守る，メディアを巻き込んだ一大イベントとなった。キングは古代の奴隷に扮した男たちが運ぶ金のゴンドラに乗ってクレオパトラ風に登場し，リッグスは女性モデルが引く人力車に乗って登場した。伝説のスポーツキャスターであるハワード・コーセルが試合をコールするなど，エンターテイメント的な要素がふんだんに盛り込まれていたが，キングはこの試合の意味を重く受け止めていた。

　キングは，1961年，17歳のときに初めて出場したウィンブルドンで，女子ダブルスのタイトルを獲得して以来，シングルス，ダブルス，ミックスダブルスを合わせて，20回の優勝を果たしていた。1シーズンで10万ドル以上の賞

　9） NCAA のホームページより。（https://www.ncaa.org/news/2018/10/10/number-of-ncaa-college-athletes-reaches-all-time-high.aspx）（2022年7月16日閲覧）

　10） ミネソタ大学タッカーセンターの報告書。（https://www.cehd.umn.edu/tuckercenter/library/docs/research/WCCRC_2019-20_Head-Coaches_All-NCAA-DI-Head-Coaches_2020-September.pdf）（2022年7月16日閲覧）

金を獲得した初めての女子選手となっていたが，男女間には依然として大きな賃金格差が存在していた。

1970年にキングを含む女子選手9名が，全米テニス協会に男女間の賞金格差を是正するよう求めたが，協会は応じず，キングらは女性だけのトーナメント「1970 Houston Women's Invitational/Virginia Slim Invitational」を開催するに至った。その後，1973年6月にトーナメント開催に関わった9名によって，女子テニス協会（Women's Tennis Association: WTA）が設

図2-2：ビリー・ジーン・キング（写真左）とボビー・リッグス

立され，キングが初代会長に就任した。ボビー・リッグスとの対戦「The Battle of the Sexes」は，まさにその3ヶ月後におこなわれた。

5セットマッチでおこなわれたこの試合は，6-4，6-3，6-3でキングの勝利で終わった。このキングの快挙は，女子でも男性と同じ5セットマッチで試合ができることを証明したのみならず，タイトルナインの成立とほぼ同時期に，女性のスポーツする権利や環境がいかに十分ではないかを世に知らしめる契機となった。

さらにアメリカでは，タイトルナインの成立よりも「The Battle of the Sexes」よりも早くに，女性のスポーツする機会を求めた女性たちの挑戦があった。1960年代，「女性にはマラソンを走り切るほどの体力はない」とする，現在では全く根拠のない理由から女性がマラソンに参加する権利は与えられていなかった。人見絹枝がアムステルダム五輪で銀メダルを獲得した800m走が，その次の五輪大会から除外されたが，その背景にも「女性には過酷である」とする考え[11]があった。

1967年，キャサリン・スウィッツァーは，エントリーの際に自分の性別が
ばれないようにファーストネームをイニシャルで登録し，こっそりボストンマ
ラソンに出場した。レース途中で大会役員に見つかり退場させられそうになる
も，一緒に走っていた男性たちの助けもあり，しんしんと雪が降るなかゴール
テープを切った。スウィッツァーは後にインタビューの中で，もし自分があの
時ゴールしていなければ，「女性にマラソンは無理だ」とする考えを容認して
しまうことになると思い，夢中になって走ったと回想している。国際陸上競技
連盟（現ワールド・アスレティックス）がマラソンを女子の種目として正式に認め
たのは，1979年の東京国際女子マラソンからであり，オリンピック種目に
なったのは1984年のロサンゼルスオリンピックからのことである。

4 「女性のスポーツする権利」から 「スポーツする権利のある女性」へ

2021年東京五輪は，17日間の猛暑の中，33競技339種目の熱戦が交わされた。
IOCは，参加者に占める女性の割合が過去最高の49％となった東京五輪を
「史上もっとも男女平等な大会」と称した。これは，IOCが18の新種目を追加
し，野球とソフトボールを除くすべての競技で男女同数の枠を設けたことや，
男女混合の競技数を増加したことに起因している。

いっぽう，「多様性と調和」を大会ビジョンの一つに掲げたこの大会は，
LGBTQ＋を公表したアスリートが185名に及び，トランスジェンダー選手が
初めて出場した大会としても注目された。しかし，トランスジェンダー選手の
出場をめぐって，特に出生時に割り当てられた「男性」から「女性」になった
選手に対して，国内外から「不公平」との声があがった。

トランスジェンダーの選手をめぐっては，2003年にIOCストックホルム合
意が発表され，2004年のアテネ五輪からトランスジェンダー選手の出場は条

---

11) 一見，女性に配慮したような考え方でありながら，女性は男性に比べて脆い，能力が
ない，助けや保護を必要としているというステレオタイプ的な態度であり，女性に成長
や挑戦の機会を与えないことから慈悲的性差別（Benevolent Sexism）と呼ばれている
[Glick and Fiske 1996]。

件付きで認められるようになっていた。その条件とは，性自認にもとづいて性別適合手術を受け，なおかつ法的にも変更しなければならないという内容であった。トランスジェンダーへの偏見や差別，法的変更を認めていない国や地域がある中で，この規定によって五輪に出場できるトランスジェンダー選手の門戸はより狭まってしまった。

IOCは2015年にトランスジェンダー選手に関する規定を改定し，性別適合手術と法的変更を出場の条件から除外した。しかも，出生時に「女性」に割り当てられ，「男性」に変更した選手の場合は，なんの条件もなく男性種目に出場できるようになった。いっぽう，「男性」から「女性」に変更した選手は，以下のような条件が規定に盛り込まれた。

・競技者は，自分の性自認が女性であることを宣言し，スポーツを目的とした場合，最低でも4年間は変更できない。
・競技者は，最初の競技会に先立つ少なくとも12ヶ月間，血清中の総テストステロン濃度が10 nmol/L 未満であることを証明しなければならない（ただし，これより長い期間については，12ヶ月が女子競技におけるアドバンテージを最小化するのに十分な期間であるか否かを考慮した上で，ケースバイケースの機密評価にもとづくことが求められる）。
・競技者の血清中の総テストステロン値は，希望する期間中，10 nmol/L 以下でなければならない。
・これらの条件の遵守状況は，検査によって監視することができる。もし遵守されなかった場合，その競技者の女子競技資格は12ヶ月間停止される。

以上のように，性別適合手術や法的変更から，テストステロン値の管理へと条件は変わった。東京大会に出場した（もしくは控え選手としてエントリーされた）トランスジェンダー選手は，上記の条件を満たしていたわけだが，批判の多くは「「男性」の時に発達した筋力や骨格は優位に働く」，だから「ずるい」「不公平」というものであった。

これらの発言は，いくつかの矛盾を抱えている。一つは，「女子選手」として出場可能な条件を測るために採用されているテストステロン値についてであ

る。トランスジェンダー選手の出場を批判する人たちは，「男性」の時に発達した（とされる）筋肉や骨の優位性を強調するが，それは IOC が課しているテストステロン値の条件を無効化する主張でもある。

確かに，テストステロン値はどの程度，競技力に影響を及ぼすのかが未だ明確ではない。にもかかわらず，生まれつきテストステロン値が高い性分化疾患（DSD）の選手たちには，出場可能な種目を制限してきた（実際，テストステロン値が高く，東京大会で本来得意とする400 m 走に出場できなかった 2 名の選手がいる）。トランスジェンダー選手に対してはテストステロン値の条件を無視し，DSD の選手たちにはテストステロン値を下げるよう薬物療法による介入や出場種目の制限をおこなうこのダブルスタンダードを，どのように解釈したらよいのか。

そもそも，筋肉や骨格等の体格の優位性を持ち出すのであれば，身長差やそれにともなう腕や脚の長さの違いはなぜ問題にならないのだろうか。あるいは，標高が高く酸素濃度の薄い地域で生まれ育った環境や経験値など，「優位性」の基準やその解釈は様々だ。キングス・カレッジ・ロンドンの上級講師，シルヴィア・カンポレッシ氏によると，優れた選手には競技で優位になる遺伝学的変異を持っていることが明らかになっている。そのような特徴を持って生まれた選手は「長所」として歓迎され，エリート発掘プログラムの対象にもなる一方で，テストステロン値が生まれつき高い遺伝的変異を持つ女子選手だけが「不公平」の烙印を押されてしまう。

いかなる性差別も許さないとしながら，テストステロン値によって「女性」であるか否かを判断する IOC の規定は，矛盾を晒しているだけでなく，非西洋的な身体に対する偏見を含んでいることが指摘されてきた。2021年11月，ついに IOC は「競技者」としての資格を問う際に必ずしもテストステロン値を基準にする必要はないとする新たなガイドラインを発表した[12]。しかし，トランスジェンダーや DSD 選手たちが直面する「性別」をめぐる問題は，「女

---

12) しかし IOC の新たな枠組みはあくまでもガイドラインとされ，「公平で安全な競技を確保するために必要であれば，トランス女性の女性カテゴリーへの参入に制限を課すことができる」とも明記されている。(https://olympics.com/ioc/news/ioc-releases-framework-on-fairness-inclusion-and-non-discrimination-on-the-basis-of-gender-identity-and-sex-variations.)（2021年11月18日閲覧）

性」カテゴリーに属する人は「男性」属性にいる人たちよりも競技能力で優ってはいけないという「前提」も浮かび上がらせてきた。

　両足義足のブレードランナー，南アフリカのオスカー・ピストリウス選手が2008年の北京オリンピック出場を目指した際に，国際陸上競技連盟（現ワールド・アスレティックス）から，カーボン製の義足が競技に有利に働くとの理由で出場を認められなかった。その後，スポーツ仲裁裁判所は連盟の判断を覆し，ピストリウス選手に「健常者」の大会に出場することを認める判決を出したが，まさにこれも，「障害者」は「健常者」よりも優ってはいけないとする「前提」を浮き彫りにしている。

おわりに

　トランスジェンダー選手（主に男性から女性に変更した選手）をめぐってアメリカでは，公立の教育機関を中心に，スポーツ競技への参加を禁じる動きが広まっている。アイダホ州やミシシッピ州でトランスジェンダー選手が，女子競技に参加することを禁止する法律が成立し，施行されている（2021年8月現在）。これらの動きは，2019年2月にコネチカット州の少女たちが，「トランスジェンダー選手が自分たちの入賞や奨学金を得る機会を奪う」として起こした裁判に端を発する。判決は，トランスジェンダーの選手が卒業したことを理由に2021年4月に無効になったが，すでに30を超える州で同様の法案が提出されている。これらの法案に対して反対の声を表明するプロチームや主要スポーツ団体もあるが，元テニスプレイヤーで現役時代から自身の性的指向が同性愛であることをカミングアウトしているマルティナ・ナヴラチロワや，モントリオール五輪の10種競技でアメリカ代表として金メダルを獲得し，2015年にトランスジェンダーであることを公表したケイトリン・ジェンナーなどは，トランスジェンダー選手の女子競技への参加禁止を支持している。

　かつて，スポーツする権利を獲得するために社会の偏見と闘った「女性」は，いまや「競技者」として承認される者とそうではない者とに分断され，対立している。競技者として出場可能な「女性」をめぐる議論は，「女性か男性か」

という性別二元論のみならず，「男性は女性よりも強い，速い」とする性差別や，「どの身体が正常か」を条件づける人種差別的な知を前提としている。

　「多様性と調和」や「ダイバーシティ＆インクルージョン」といった言葉を掲げても，「女性スポーツ」をめぐる葛藤は近代スポーツに常につきまとい，その限界を露わにしてきた。「女性スポーツ」を通じて生成する規範への抵抗やそれに向けた連帯は，もはや無効なのか。日本のスポーツ政策に「女性スポーツ」が施策化される今日だからこそ，「女性」をめぐる知の権力を見破り，疑義を突きつける思考・態度がますます求められていると言えるだろう。

引用・参考文献

崎田嘉寛ほか［2021］「戦前日本における女子フットボールの様相に関する歴史的基礎研究」『保育学研究』66巻，311-326。

フーコー，ミシェル［1977］『監獄の誕生——監視と処罰』田村俶訳，新潮社。

結城和香子［2004］『オリンピック物語——古代ギリシャから現代まで』中公新書ラクレ135。

横山美和［2008］「科学言説と「女性」の構築」『ジェンダー研究のフロンティア 第四巻 テクノ／バイオ・ポリティクス 科学・医療・技術のいま』作品社，46-72。

ラセット，シンシア・イーグル［1994］『女性を捏造した男たち——ヴィクトリア時代の性差の科学』上野直子訳，工作社。

Bohuon, A.［2015］"Gender Verifications in Sport : From an East/West Antagonism to a North/South Antagonism." *The International Journal of the History of Sport*, 32(7), 965-979.

Camporesi, S., and McNamee, M.［2018］*bioethics, genetics and sport*, Routledge.

Guttmann, A.［1992］*Women's Sports : A History*, Columbia Univ Pr.

Glick, P., and Fiske, S. T.［1996］. "The Ambivalent Sexism Inventory : Differentiating hostile and benevolent sexism." *Journal of Personality and Social Psychology*, 70(3), 491-512.

Henne, K., and Pape, M.［2018］"Dilemmas of Gender and Global Sports Governance : An Invitation to Southern Theory." *Sociology of Sport Journal*, 35, 216-225.

Vertinsky, P. A.［1994］*The Eternity Wounded Woman : Women, Doctors, and Exercise in the Nineteenth Century*, University of Illinoois Press.

第 3 章

ゲイ男性とスポーツ

はじめに ── スポーツとセクシュアリティ

　スポーツがジェンダーの上で男性中心的な領域として発達してきたことはすでに述べた。こうした意味で，男性優位／女性劣位というジェンダー秩序は近代以降のスポーツを形作る主要な価値観でもあった。しかし，スポーツにおける秩序を形作るのはジェンダーだけではない。たとえば，スポーツ能力に長けた才能溢れる選手であってもその人物が同性愛者であった場合は，あからさまな差別にとどまらず，多くの環境的な制約や困難を被るという時代が長く続いてきた。これは，スポーツが理想とするジェンダーの理想，とりわけ男性の理想像としての「男らしさ」にとっては「異性愛者であるべき」というセクシュアリティの上での制約も課されてきたことを示している。本章では，特に男性ジェンダーの理想という価値観を世に送り出す役割を担ってきたスポーツにおいて，その内的な脅威ともいえるゲイ（男性同性愛者[1]）選手が置かれてきた立場やその変化を考察することによって，スポーツという文化に内在する異性愛主義というセクシュアリティ秩序をあきらかにする。

1）「ゲイ（gay）」という単語は必ずしも男性同性愛者のみを指すものではなく，時には女性も含んだ同性愛者全体を表す言葉として用いられてきた。しかしながら，アイデンティティ・ポリティクス（自らのアイデンティティを広い意味での政治，特にマイノリティにとっての権利獲得・解放運動の流れの中で意識的に用いる）が進展する時代の中で，徐々に男性同性愛者のみを示す文脈での使用が中心的になっている。本書では特記しない限り，「ゲイ」を男性同性愛者の呼称として使用している。第9章の注5）も参照。

1 不完全な（二流の）男性？
—— 男性ジェンダーの規範と同性愛

（1）精神から身体へ —— 「男らしさ」のヘテロセクシュアリティ化

　現在中心的な価値観となっているジェンダーとセクシュアリティの規範は，ともに近代という時代にイギリスを中心とした西ヨーロッパ地域で醸成されてきた概念と言える。つまり，出生時の性別（身体的な性としての雄／雌＝セックス）と社会的な性役割としてのジェンダー（男性／女性），および性指向としての（ヘテロ）セクシュアリティが直列することが唯一の"正しい"規範だというものである。この規範のもとでは，セックスとジェンダーの離齬としてのトランスジェンダーや，あるいは非規範的なセクシュアリティと見なされた同性愛を許容することはできず，常に排除の対象となってきた。

　そもそもイギリスにおいて，古くからの男らしさを表すことばは「男らしい（manly）」という形容詞の名詞形である「マンリネス（manliness）」であり，必ずしも身体の強健さや筋肉的であることを指すものではなく，むしろその内面——意思の強さや道徳心，宗教的に敬虔であることなどの精神性——に重点を置いた価値観であったという。精神性に重点の置かれるマンリネスは，当然ながら必ずしも男性だけでなく，時には女性にとっても身に付け，また評価されることが可能な資質でもあり，こうした意味でいえばマンリネスの「man」とは「男性」と同時に「人間」を意味していると捉えることもでき，結果として両性的な価値観（hu-manliness）であったともいえるという。

　クラウディア・ネルソンは19世紀のイギリス少年小説の内容分析を通じて，こうしたマンリネスという理想が徐々に身体的な壮健さや逞しさといった外見——つまりは身体的要素を重視する概念である「マスキュリニティ（masculinity）」へと変化したことを指摘する。この変化は，ダーウィン以降の進化論およびその俗流の解釈である社会ダーウィニズムの影響を受けたものであり，種や生物としての人間が次世代を再生産し，進化してゆく上では，精神的な徳や資質だけでなく，むしろその動物的側面としての身体の健康さや資質が重視されてゆくようになるという文脈があった。こと，生物の再生産としての「生殖」に重要性の焦点があたった時，当然ながらそこには雄と雌の組み合わせに

よるヘテロセクシュアルなセクシュアリティを規範化する価値観が高まり，生産性と結びつかないものとして同性愛的なありようが忌避され，下位に序列化されてゆくというセクシュアリティ秩序が成立してゆくことになる［Nelson 1989］。つまり，現在のスポーツの原型になるような身体競技としての近代スポーツが成立してゆくこの時期は，同時に男らしさの価値観もまた身体的なものに変容し，なおかつセクシュアリティの上でも異性愛中心的な領域として固定化されてゆく時期でもあったといえる。

（2）ホモソーシャルなスポーツ文化
── 男性性の脅威としてのゲイ・アスリート

　フーコーの指摘する同性愛者の"種族化"は，言い換えればその（性にまつわる）行為のアイデンティティ化であると捉えられるが，実際，この時期（ヴィクトリア朝のイギリス）において近代スポーツ成立の中心となっていたパブリックスクールにおいても，それまでは「好ましくない悪癖」と捉えられてはいたものの，それが矯正できないアイデンティティ（同性愛）と結び付けられることのなかった男子学生同士の性的接触や行為，あるいはマスターベーションなどは，徐々に男性ジェンダーの理想にとっての重大な脅威として取り締まられ，排除されてゆくことになった。かつては「若きジェントルマンよりも農民，労働者に」ふさわしく，あるいは「肉屋の息子にのみふさわしい」（パブリックスクールであるシュルーズベリー校校長サミュエル・バトラーの弁［Beale 2012］）とさえ言われたフットボールが，この時期，上流階級の子弟にとっての教養としてなくてはならないものと見なされるようになってゆき，その評価はオスカー・ワイルドをして「サッカーは荒っぽい少女たちには誠に結構なゲームだが，繊細な少年には到底ふさわしくない」という皮肉で表現される存在へと反転，変容していったことは，第1章で指摘した同性愛や耽美主義と，スポーツや異性愛が対置されるようになる価値観の変化を象徴的にあらわしているといえるだろう[2]。

　こうして男性ジェンダー中心でなおかつセクシュアリティの上では異性愛が

2）　第1章1節を参照。

規範化された，典型的に男性ホモソーシャルな領域として発展してゆくスポーツは，当然ながら近代以降現代に至るまでもっとも同性愛嫌悪（ホモフォビア）の強い文化として，軍隊とともに並び称されてきた。事実，近年アメリカや欧州の自由主義圏で性的マイノリティの人権拡大が進み，徐々にその存在の可視化が進んできた中でも，スポーツと軍隊はともに保守性という意味でその最後の砦と見なされてきた。近代スポーツの成立を19世紀後半だと捉えれば，その後実に100年近く，同性愛者たちはその世界での沈黙を強いられてきたといえる。この二つの領域は，ともに近代を代表する男性ホモソーシャルな領域として堅持されてきたが，男性のみを組織的に募るという文化のあり方自体が，原理的にはその内部に同性愛男性を含みこむ可能性を高めてもいるのであり，いわばその内的脅威を炙り出してでも排除しようとする力が高まることになる。これは，その組織の秩序を維持するために不可欠と考えられたためであり，その排除の論理と諸力こそがホモフォビアであるといえる。

　スポーツは男女別カテゴリーに分けることでかろうじて参加機会のジェンダー平等を保とうとしてきたが，それは結果として，特にプロやトップレベルの競技においては完全な男女分離とモノセックスな競技実践を可能にしてきた側面がある。逆に言えば，混成での実践を諦めたがゆえ，より強いホモソーシャリティが維持され続ける条件を整えたまま，現代まで一種の男性の聖域としてゲットー化されてきたともいえる［熊安 2003］。

2　アスレティックなクローゼット
──プロ・スポーツにおけるホモフォビア

（1）ジャスティン・ファシャニュー
──プロ・サッカー史上初のカムアウト，放逐，そして死

　近代スポーツの成立以降，20世紀後半に至るまで，プロレベルのスポーツ競技において自らが同性愛者であることを公にする（カムアウトする）選手はほぼ存在していなかった。特に，男性性の理想を体現する男性アスリートがゲイであるとカムアウトすることは，理論上，女性選手よりも高いハードルが課せられているといえ，さまざまな困難がともなうことが指摘されている。特にプ

ロのチーム・スポーツの場合，そもそも男性ホモソーシャリティが男性的価値
観の共有とそれにあてはまらない存在の排除という集団を前提とした概念であ
ることからも明らかなように，個人競技に較べても障壁はさらに高まる。さら
にいえば，商業化されたプロ・スポーツの場合，その内実は選手による競技実
践のみに留まらず，チームを支える専門組織，競技団体やリーグ，企業などの
スポンサーシップとそれらが前提とする人気やファン，知名度向上の必要性な
ど，そのどれもが男性あるいは男性中心的な価値観・組織に依存する部分が大
きく，仮にゲイの選手が存在していたとしても，カムアウトを阻止し，抑圧し
ようとする環境的な諸力が働き続けてきたといえる。これは，アメリカの軍隊
で長く続いたセクシュアリティに関する「Don't ask, don't tell（尋ねず，あきらか
にせず）」という原則に通底する，典型的にホモソーシャルな組織の保身と抑圧
であるともいえよう。

　しかし，こうした困難な環境にあっても1975年，アメリカンフットボール
のプロリーグNFLの元選手であったデイヴィッド・コーペイがゲイであるこ
とをカムアウトしたことは，非常に貴重
な事例である。数々の実績を残したコー
ペイは1972年に現役を退いて数年後，
自らのセクシュアリティを公にすること
になったが，「男の中の男」であるはず
のNFL選手がゲイであるとカムアウト
したことは，当時の社会に大きな驚きと
反発を引き起こした。1977年に自ら出
版した自伝はベストセラーになりはした
ものの，通常，彼ほどの実績があればそ
の後もコーチ職などアメフトに関わる職
を得ることが通例であったが，それは叶
わず，長らく不遇を託つことになったの
はスポーツ界におけるゲイへの偏見が原
因だとコーペイ自身は述べている（図3-
1）。この出来事は，この時代，仮に現

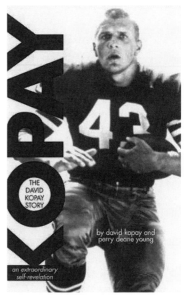

図3-1：『The David Kopay Story』（2001
年再販のもの）表紙

役引退後であってもゲイだとあきらかにすることが大きな不利益を被る結果になることを示しており，スポーツ界におけるホモフォビアの強さを物語っている。

　こうした状況の続く中，1990年に現役のプロ男性選手としてはじめてゲイであることをカムアウトしたのが，イギリスのサッカー選手であるジャスティン・ファシャニューであった。ファシャニューは17歳でノリッジFCと契約してプロ・サッカー選手としてのキャリアをスタートし，その後ノッティンガム・フォレストやバーミンガム・シティFCなど数多くのチームでの活躍に加え，イギリスではじめて100万ポンドの契約金を得た黒人サッカー選手としても知られている。そして彼が1990年10月にイギリスの大衆紙である「The Sun」紙上で「100万ポンドのサッカー・スター：私はゲイだ」という見出しと共にカムアウトしたことは，サッカー界のみならず当時のイギリス社会に衝撃を与えることとなった（図3-2）。

　ファシャニューの告白はさまざまな反応──そのほとんどは彼にとって不利益なもの──を呼び起こし，一種のスキャンダルとして流通してゆくことになり，その後短い期間のうちにイギリス国内でプロ選手として契約し，活躍する道を閉ざされてゆくことになる。イギリスにおいてサッカーという競技は，米国におけるアメフトと同様，もっとも男性的な競技として見なされ，またその役割を期待されてきた。しかも階級制度の強固なイギリス社会において，サッカーとは労働者階級の男らしさを代表する文化でもあり，中流階級的な中庸や清廉さ，リスペクタビリティ[3]とは対抗的な側面を強く有しており，そうした要素からもファシャニューのセク

図3-2：「The Sun」（1990年10月22日）

シュアリティはサッカーを支えるファンやサポーター，およびその背後にある伝統的な男性性の価値観にとって許容できないものだったといえる。

　結果として，ファシャニューはその優れた能力にもかかわらずプレイを続ける機会を奪われ，その後カナダやアメリカにわたって選手やコーチとして不本意な時期を送った後，1998年，ロンドンに戻って自死しているところを発見されることになった。一因として，アメリカにおいて未成年との意に沿わない性交渉の嫌疑を掛けられたことが取り沙汰されたが，本人は遺書の中でそれを否定しており，自身が同性愛者であることで中立的な調査や裁判が受けられないのではないかと考え，これ以上家族や友人に迷惑をかけたくないという内容も記されていたという。こうして，プロ・サッカー史上初のカムアウトは本人の死というもっとも過酷な結末を迎えることになってしまい，この苛烈な差別と顛末はイギリスのサッカー界に深く影を落とすこととなった。この唯一の事例以降30年間，他のプロ・スポーツ競技からは徐々にセクシュアリティをカムアウトする選手が現れている現在においても，イギリスの現役プロ・サッカー界から続く事例が出ないことは，サッカーの内包する強固なホモフォビアに加えて，このファシャニューが被った熾烈な経験に対する怖れがあまりに強いためだとする指摘もある[4]。ロイ・ピータースは，これに先立つ時期に，イギリス男子フィギュアスケート金メダリストのジョン・カリーが「男らしくない」容姿と振る舞い故にメディアからあからさまに同性愛を揶揄した中傷を受けたことを挙げ，このような批判に通底するのは「スポーツの構造は男らしさ

3） "リスペクタビリティ"とは，この時期（ヴィクトリア-エドワード朝）のイギリス社会において，主に中流階級を規定する上で重視されるようになった価値観であり，「市民的価値観」とも訳される。これは，「ときに放蕩で自己規律を欠いた上流階級や，無骨で粗野な労働者階級」に対して中流階級の人びとが自らのアイデンティティをそこに見出し，差別化を図った価値観であり，「尊敬されるに値すること」，あるいは「社会的にまっとうであること」など，他者からの評価を軸に据えた"良き市民"であることを重視するものであった。後に近代社会全体の資本主義・産業社会化が進む中で，中流階級はその担い手として主流となってゆき，結果的にリスペクタビリティは近代以降の社会における中心的な価値観として定着していったともいえる。

4） 2022年5月，ファシャニュー以来32年ぶりにイギリスのプロサッカー選手であるジェイク・ダニエル（ブラックプールFC）が，自らがゲイであるとカムアウトした。詳しくは章末の追記を参照。

のヘゲモニーによって定義された，善良でクリーンなヘテロセクシュアルの
ファンのものであり，ゲイのものではないという価値観」であるとすでに指摘
しており [Peters 1976：20]，こうしたホモフォビアがサッカー界においてはいま
だ根強いことを示している。

　2003年には，イギリスの高級紙である「The Times」がスポーツ界における
ホモフォビアについて特集記事を組んだが，ここに寄稿した元ギリンガム FC
選手のトニー・キャスカリーノは，ファシャニューを「オカマ野郎（bloody
poof！）」と評した元ノッティンガム・フォレスト FC 監督のブライアン・クラ
フを批判しながら，サッカー界の過酷なホモフォビアの現状を説明している。
キャスカリーノによれば，サッカー界は「ステレオタイプな男がひしめくマッ
チョな世界」であり，他と違うことを認めない狭量な価値観に満ちているとい
う。そして，もしもある選手が同性愛者であるとカムアウトしたなら，彼はす
ぐさまチームメイトから疎外され，プレイの能力は不当に低く評価され，試合
では観客や選手から野次られ，自分のサッカー選手としてのキャリアを全うす
ることはできないだろうと述べる。選手としてプレイする前は美容師という
“女性的”な職業に就いていた経歴ゆえ，キャスカリーノ自身も現役時代，同
性愛を疑われさまざまな冷やかしを受けたという。そして，多くのゲイ選手が
カムアウトの結果として差別を受け，スポンサーシップを失う事を怖れており，
「元選手として言えば，引退間近でもない限り，誰かが選手として現役の間に
カムアウトするなど想像もできない」とも述べている [Tony Cascarino, Game On
sports, The Times. April 28th 2003]。

　ファシャニュー以降のこうした事例は，近代スポーツを生み出してきたイギ
リスにおいて，少なくともその中心的な競技であるサッカー界にはいまだホモ
フォビアが根強く残っていることを示している。一方，次節以降で述べるよう
に，地域や競技が異なれば2000年代以降，こうしたセクシュアリティをめぐ
る状況も徐々に変化しつつあることを考え併せれば，これは「イギリスのサッ
カー界」というある種の伝統がグローバルなスポーツ状況と少しずつ離齬を生
じさせている事例と捉えることもできるだろう。

3 ゲイ・ゲームスとオリンピック
—— 性的マイノリティの可視化とリベレーション

（1）人種・ジェンダー・セクシュアリティ ── マイノリティのスポーツ参加

　20世紀以降スポーツの中心は，イギリス文化を受け継いだ移民が中心を担い，階級制度を持たない大衆社会であるアメリカへと徐々に移行し，その商業化とともに影響力も増していった。この，イギリスを含んだヨーロッパ社会を旧弊な階級社会（旧世界）とみなし，自らを自由で平等な新世界とみなすアメリカ的価値観は，当然ながらそれまでマイノリティとされてきた人びとにも徐々にスポーツ参加への道を拓いてゆくことに繋がった。移民・多民族社会である米国において，アフリカ系（黒人）を中心とした人種的マイノリティは，当初は人種ごとに分けられた制度や環境の中でしか競技を許されなかったが，多くの苦難を経て白人中心のリーグや団体に参入する黒人選手が現れ，構造的差別は未だ解消されていないとはいえ，徐々に人種の融和した統一的な参加が実現してゆくことになった。

　こうした人種差別解消の機運を後押ししたのが1950年代から高まりを見せた公民権運動であり，有名無実化していたアメリカ社会の「平等」を人種を中心とした領域で実現してゆこうとしたこの取り組みは，それ以外にも社会のさまざまな領域における権利獲得と差別解消の運動を喚起した。こうした流れも受け，1960〜70年代に興隆した女性解放運動はジェンダーの側面から差別や格差の是正を働きかけたが，その結果スポーツの分野で実現された最大の成果の一つが「タイトルナイン」であるといえよう。1972年に成立したタイトルナインは，アメリカ連邦法の一つで教育改正法第9編とも訳され，税金の投入されている公的教育機関におけるあらゆる性別による差別を禁止する法律であり，この範囲には当然ながら体育授業や部活動も含まれることから，スポーツにおける男女平等の進展に大きな役割を果たすことになった[5]。

　こうした機運はセクシュアリティの解放運動（リベレーション）にも及び，それまで社会的に不可視化されてきた同性愛者たちも権利を求めてその活動を活

　5）「タイトルナイン」の詳細については第2章を参照。

発化させ，1977年にはハーヴェイ・ミルクがゲイであることを公にした人物としてはじめてサンフランシスコ市議会議員という公職に当選するなど，徐々にその存在の可視化が進むことになる。1980年代以降のいわゆるエイズ・パニックによってアメリカ社会がセクシュアリティに関して急速に保守化し，ゲイや性的マイノリティが仮想敵として苛烈なホモフォビアに晒されていくまでのこの時期，特に大都市圏の私的領域においては，ゲイやゲイ・カルチャーは差別や偏見に晒されながらも一定の存在感を獲得しつつあった。しかしながら，もっともホモフォビアの強い領域とされてきたスポーツ領域にまでこの余波が及ぶのは，もうしばらく後のことになる。

（2）ゲイ・オリンピック・ゲームス ── オリンピック委員会との対立

　1968年のメキシコ・オリンピックに出場した十種競技選手でもあったトム・ワデルは，競技から引退した後，自らの同性愛者としての経験をもとに，ゲイや性的マイノリティの選手が自らのセクシュアリティをオープンにしてスポーツを通じた繋がりを深め，社会的な認知と尊重を高める機会が必要だと考え，1981年，リベラルな土地柄で知られるサンフランシスコにおいて SFAA（サンフランシスコ・アート＆アスレティックス）を設立し，ゲイのオリンピック競技会開催に向けて活動を開始した。これは，スポーツというもっともホモフォビアの強い領域においてゲイを含めた性的マイノリティの存在を可視化し，その男性性の理想をゲイ男性であってもまっとうできるのだ，ということを社会に示す試みであったともいえる。

　ワデルが目指した競技会は，当初「ゲイ・オリンピック・ゲームス」という名称で計画が進み，1982年にサンフランシスコで第一回大会を開催するまでに漕ぎ着けた。しかし開催直前の時期になって，アメリカ・オリンピック委員会（USOC）はワデルに対してゲイ・オリンピック・ゲームスに「オリンピック」という名称を使用しないよう求め，連邦裁判所に提訴した。連邦議会は，1978年に USOC に対して「オリンピック」名称の排他的使用を認めていたため，結果として「オリンピック」という単語は使用できなくなり，SFAA のメンバーたちは突貫作業で事前に準備してあったポスターなど全ての印刷物や関連物品の文字を塗りつぶさなければならなかった。こうして，本来であれば

「ゲイ・オリンピック・ゲームス」であったはずの大会は，現在に至るまで「ゲイ・ゲームス」と称さざるをえなくなったのである。

　このような妨害にもかかわらず，第一回ゲイ・ゲームスは，12ヶ国から1350名の参加者を集めて成功裡に幕を閉じ，今日まで続くその第一歩を踏み出すことになった。しかしながら，USOC と SFAA の間の法廷闘争は，その後も数年間にわたって継続した。そもそも，古代ギリシアからの長い歴史を持つ「オリンピック」という名詞を，なぜ特定の団体が排他的に使用できるのかという疑問に加え，ワデルをはじめとした SFAA 側の主張は，USOC がゲイ・オリンピック・ゲームスの名称を問題化した時点でも，「ねずみオリンピック」や「カニ料理オリンピック」，「ポリス・オリンピック」などの名称は黙認されているというものであった。実際には，近代オリンピックの成立以降，「オリンピック」の名称使用に関して何度か問題が持ち上がったことはあったが，法的手段に訴えての使用禁止はゲイ・ゲームスの例が初めてであり，明らかに同性愛嫌悪にもとづいた恣意的な妨害であったといえる。開会式の際，ゲイ・ゲームス側の弁護士メアリー C. ダンラップは「USOC のゲイに対するホモフォビックな攻撃に対して戦う」ことを約束し，群衆の支持を得たという[Cockerline 1982]。

　だが，1987年に連邦最高裁は 5 対 4 の僅差で USOC の主張を認めたため，USOC は訴訟費用 9 万2000ドルの抵当として，エイズによる闘病生活を送っていたワデルの自宅を差し押さえてしまった。この処置は，ワデルの死後，1993年に USOC が態度を変え，その請求を放棄するまで継続した。各国に設置されるオリンピック委員会は，国際オリンピック委員会の下部組織として公的な性格を強く持つものであり，こうした USOC の行動は，オリンピックという運動の持つ性的なイデオロギーを半ば公的に表明したものだともいえる。少なくともこの時期，アメリカにおけるオリンピック・ムーヴメントは，同性愛者を必要としていない——というよりは積極的に排除した——といえるだろう[岡田 2006]。

（3）オリンピックとスポーツする身体の理想 —— パラリンピックとの対立

　実のところ，「オリンピック」という名称を巡って国際オリンピック委員会

との間に軋轢が生じたのはゲイ・ゲームスが初めてではない。現在ではオリンピックとともに併走する（パラレルな）大会という趣旨になっているパラリンピックも，1980年代まではオリンピックやパラリンピックという名称の使用を止めるようIOCから勧告を受けていたことはあまり知られていない。現在のパラリンピックに直接つながる試みは，イギリスのストーク・マンデヴィル病院に勤務していた医師ルートヴィヒ・グットマンが，主に第二次大戦で障害を負った兵士たちの治療とリハビリの一環としてスポーツを取り入れたところから始まっている。神経科医であったグットマンは，自らが所長を務める脊椎損傷科を中心に，傷痍軍人たちのリハビリや社会復帰のためにスヌーカーやパンチボール，車椅子バスケットボール，アーチェリーなどのスポーツを積極的に採用したが，当時新しかったこの試みは，やがて障害を負った人びとが自尊心を取り戻し，社会復帰を果たす上で有用であるとの理解が進み，徐々にその規模を拡大してゆくことになった。

　1948年，ロンドン・オリンピックの開催に合わせて，脊椎損傷を負った二つの傷痍軍人チームによるアーチェリー大会がロンドン郊外のサリーで開催され，これが現在のパラリンピックの源流とされている。当初，競技会は「ストーク・マンデヴィル大会」や「脊椎損傷者スポーツ大会」などと称されていたが，グットマン自身はこの大会が障害者のためのオリンピックと位置づけられるよう当初から働きかけていたこともあり，新聞などのメディアが徐々に「障害者のオリンピック」や「車椅子オリンピック」，さらには1953年にはじめて「パラリンピック（Paralympic）」という名称で報道されるようになった[Brittain 2008：23]。この時期のパラリンピックという言葉は，脊椎損傷による対麻痺を表す「paraplegic（パラプレジック）」とオリンピックを組み合わせた造語であり，現在の公式見解である「並行・併走する[6]」を意味する接頭語"para"とは無関係であった。それどころか，国際オリンピック委員会はオリンピック，あるいはオリンピックを連想させるパラリンピックという名称の使用に難色を示し，グットマンに対して何度もその使用を許可しないとの返答を

6）"History and Use of the Term 'Paralympic'", International Paralympic Committee.（https://www.paralympic.org/sites/default/files/document/121210151549984_2012_02+History+and+Use+of+Term+Paralympic.pdf）（2022年7月10日閲覧）

送っている［Brittain 2008：28］。

　こうした IOC の方針が転換され，国際ストーク・マンデヴィル競技連盟に３つの障害者スポーツ連盟を加えた国際調整委員会（ICC）によっておこなわれる競技会にはじめて公式にパラリンピックの使用が許可されることになるのは，サマランチ体制下の1985年のことであり，同時に４年ごとのオリンピック・イヤーにパラリンピックが同時開催されることもようやく合意された。この際，はじめて“パラレル”なオリンピックとの意味が与えられたが，「オリンピックス」という名称そのものの使用は依然禁止されたままであったという[7]。ゲイ・ゲームスとパラリンピックが辿ったこうした経緯は，近代スポーツの一つの頂点であり，権威でもあるオリンピックというものが，何を理想としているか——より端的にいえばどのような身体（主体）によるスポーツを理想化しているか，を逆照射しているともいえよう。I. ブリテンは，最終的にパラリンピックを公認した IOC の意図を「パラリンピックを支援することによって，国際的なスポーツ界における自らの道徳的なリーダーシップを強化する」［Brittain 2008：34］ためだと指摘している。IOC の固執するセルフ・ブランディングは，それ自体がその時々のスポーツ，あるいはスポーツする主体の理想と排除を反映してきたともいえ，なおかつその戦略が変化していることは，この数十年の間に社会におけるスポーツの位置づけとその価値が変容してきたことをも示している。

　最初のストーク・マンデヴィル大会からおよそ50年後の2000年には，IOCと国際パラリンピック委員会の間で「オリンピック開催国は，オリンピック終了後，引き続いてパラリンピックを開催しなければならない[8]」との合意が結ばれ，パラリンピックは完全にオリンピック・ムーヴメントに包摂されることとなった。またソチ・オリンピックが開催された2014年の末には，ロシアが制定したホモフォビックな「同性愛宣伝禁止法」への応答としてオリンピック憲章に「性的指向による差別の禁止」が追記され，それ以降，各オリンピック大会では性的マイノリティ選手の参加数が多様性を言祝ぐ指標として誇らしげ

　7）「パラリンピックとは」日本パラリンピック委員会。（https://www.parasports.or.jp/paralympic/what/history. html）（2022年７月10日閲覧）
　8）　同上。

50

に喧伝されるようにもなっている。さらに，ゲイ・ゲームスはその後もオリンピックの名称を冠することはないが，2018年の第10回大会に至るまでその開催規模を拡大し，2002年のシドニー大会ではオリンピック後に同じ競技場を使用するなど，近代スポーツのタブーでもあった同性愛者の可視化とリベレーションを推進してきた[9]。これらはもちろん，スポーツの理想が拡張され，それまでセクシュアリティの上であれ，身体の上であれ，マイノリティとして排除されてきた人びとへ参加や活躍のチャンスを拓くものであり，それ自体は好ましい変化であるといえる。しかし，その一方で，こうしたマイノリティの包摂による"多様性"の進展が，一方ではそこから零れ落ちるさらなる少数者——後述するトランスジェンダーの選手など——との間に，新たな階層を生み出す可能性があることには留意し続ける必要があるだろう。

4 "男らしい"ゲイ？ ——ホモノーマティヴなスポーツへ

（1）男性ジェンダーをまっとうする／できるゲイ男性

　ゲイ・ゲームスなどによる可視化の進展や，1990年代までの数少なく，なおかつ勇気ある少数のプロ選手たちのカムアウトを経て，2000年代以降，特にアメリカを中心としたプロ・スポーツ界で自らがゲイであることを公にするアスリートが増加してきた。これはもちろん，社会における性的マイノリティの解放運動や価値観の変化を受けたものであり，こうした少数者たちの達成してきた成果がもっとも保守的なスポーツの世界にも波及してきた結果と捉えることができる。特に，ヨーロッパ諸国の一部とアメリカで進展した同性婚の法制化という潮流は，社会規範の基盤でもある婚姻制度において同性愛者をその権利主体として位置づけるものであり，その後の社会の価値観を大きく変容させる契機となったといえる。

9）　ゲイ・ゲームスの誕生以降，ゲイ・ゲームスから分派したアウト・ゲームス（World Out Games）や，それぞれの種目（サッカーやラグビー，社交ダンスなど）に特化した性的マイノリティが主体となる国際的な大会・競技組織が多く誕生している。（アウト・ゲームスは後に中断した。）

1990年代から2000年代にかけて，複数の元プロ選手が引退後にゲイであることをカムアウトし，自伝を出版するという例が相次いだ。具体的には，1992年に元 NFL のロイ・シモンズが，2002年には同じく元 NFL のエセラ・トゥアオロがメディアを通じて自らのセクシュアリティを語り，ともにもっとも男性的とみなされる競技からのカムアウトとして大きな話題となった（図3-3）。また2003年には元 MLB 選手のビリー・ビーンが，2007年には元 NBA のジョン・アメチが続き，いずれもそれぞれのプロ競技リーグから初のカムアウト事例となった。彼らが自伝において，自らの選手としての経験から共通して指摘するのは，

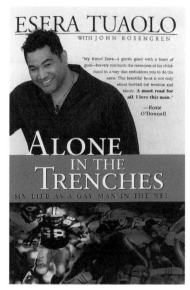

図3-3：エセラ・トゥアオ『Alone in the Trenches』表紙

プロのチーム・スポーツ界がいかに男社会であるかという事実と，その価値観を維持するためのホモフォビアの強さであり，チームの一員として競技を続けるにはセクシュアリティを押し殺して偽りの自分を演じざるをえず，現役中にカムアウトすることは非常に困難だった，という点である。ここから読み取れるのは，2000年代に入って徐々に，「ゲイのプロ選手」という可能性を受け入れる素地がアメリカや一部のヨーロッパ社会に醸成されつつはあったが，いまだスポーツ界の内部にその準備は整っておらず，少なくとも当事者のプロ・アスリートたちにとって現役中のカムアウトは，チームメイトとの信頼関係やスポンサーシップ，最終的には選手生命そのもの失う恐れを払拭できない，非常にリスクの高い行為だと認識されていたといえる。

　しかし，こうした状況は2010年代にかけて再び変化してゆく。イギリス人のギャレス・トーマスは，2009年に現役プロ・ラグビー選手としてイギリスではじめてゲイであることを公にした。これはプロ・ラグビー選手としては1995年のオーストラリア人選手イアン・ロバーツに次ぐ事例となる[10]。トーマ

スがラグビーの本場であるイギリス
の英国人選手であり，なおかつ元
ウェールズ代表やキャプテンを務め，
一時ウェールズ・ラグビー選手とし
て最高キャップ数を獲得していたと
いうトップクラスの経歴を有するこ
とからも，このカムアウトはイギリ
ス社会に大きな驚きをもって受け止
められ，数々のメディアで報道され
ることになった（図3‐4）。また，
サッカーだけでなくラグビー（特に
北部を中心としたラグビー・リーグは賃
金支払いを認めるプロ化の過程で労働者
階級との結びつきを深めた）も代表的な
フットボール競技として，その無骨
な"男らしさ"の価値観を典型的に

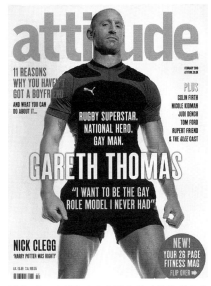

図3‐4：イギリスの主要なゲイ雑誌である
「attitude」（2010年2月号）でインタビューに答
えている。

表す競技であったことは，一般的なラグビーファンたちの間に男性性とセク
シュアリティのイメージ——つまりは「男らしいスポーツ選手は異性愛者であ
るはずだ」という思い込み——について再考を促す機会となったともいえる。

　イギリスにおいてファシャニュー以来およそ20年ぶりの事例となった現役
プロ選手のカムアウトは概ね好意的に受け入れられ，ギャレス・トーマスはそ
の後2011年10月に引退するまで競技を継続した。ゲイであることをあきらか
にした後もチームメイトや運営は彼をそれまで通り受け入れてくれ，自分のセ
クシュアリティを偽ることなくプレイできたことはとても貴重な経験となった
と，トーマスは後に述べている。これは，スポーツというもっともホモフォビ

<hr />

10)　同じプロ・ラグビー選手によるカムアウトでありながら，世界的な報道やインパクト
　　の点で後発のギャレス・トーマス選手が上回っており，中心的な事例として扱われるこ
　　とについては，「スポーツ世界の中心‐周縁」（この場合はスポーツの"本国"イギリス
　　と英語世界の"周縁"オーストラリア）という力学が影響しているといえる。この点に
　　関しては第9章「スポーツにおけるLGB主流化とT（Q＋）」3節を参照。

アの強い領域においても，徐々にそのジェンダーの理想をめぐる価値観が変化しつつあることを反映している。その後も現役のプロ選手のカムアウトは続き，2012年にはフェザー級のプロ・ボクサー，オルランド・クルス（プエルトリコ）が，翌2013年にはNBA史上初としてジェイソン・コリンズが，また同年には，かつてプレミアリーグ二部でプレイしカムアウトと同時に引退していたアメリカ人ロビー・ロジャースが，あらためて米メジャーリーグサッカー（MLS）で現役として復帰するなど，複数の事例が登場し始めた。

　以降も，2015年には，イギリスのラグビー・リーグからキーガン・ハースト選手，アメリカのプロ野球独立リーグからショーン・コンロイがカムアウトを果たしている。なかでもアメリカスポーツ界でもっとも男性的なイメージを持つことから象徴的な事例として注目されていたNFLにおいては，2014年，史上初のプロ現役ゲイ選手になると目されたマイケル・サムが，セントルイス・ラムズのドラフトにはかかったものの惜しくもプレシーズンのみでのプレイに終わり，その後カナダのアメフト・プロリーグであるCFLのモントリオール・アルエッツと契約し，CFLでは初の事例となったことは記憶に新しい。こうした流れの中で，2021年にラスベガス・レイダーズのカール・ナシブが自らのSNS上でゲイであることを公にし，ついに史上初の現役NFL選手のカムアウトが現実化したことは，アメリカのみならず世界のメディアで取り上げられ，変化しつつあるプロ・スポーツ界の状況を映し出すものとして受け取られている。

（2）フェミニンな男性？ ── 同性愛のジェンダー表象とLGBTの序列化

　2010年代以降のゲイ男性プロ選手によるカムアウトの増加は，言うまでもなくスポーツにおける男性性の理想が必ずしもヘテロセクシュアルとは限らないということを，いいかえればホモソーシャルな男らしさのあり方が変化しつつあることを，チームやマネジメント陣，リーグ，ファン層を含んだプロ・スポーツ界がようやく受け入れはじめていることを示している。もちろん，現在もゲイ男性に対する差別や偏見は強く，プロ・スポーツにおいてもそれが顕著に維持されていることは，たとえば自らのセクシュアリティをオープンにしてオリンピックに参加するアスリートの数に比して，いまだプロ選手の事例が非

常に少ないところからも伺えるだろう。しかしながら，もっともホモフォビア
の強いこの領域で数は少ないといえどもゲイの選手の可視化が進むことは，ス
ポーツが社会に送り出してきた硬直した男らしさを相対化し，セクシュアリ
ティにもとづく偏見や差別を解消してゆく上で大きな契機になるといえる。

　だが，こうしたプロ・スポーツ界で徐々に進みつつあるゲイ男性選手の受容
は，ホモフォビアの軽減というセクシュアリティ上の偏見の解消につながる一
方で，ジェンダーの側面では，いうなれば伝統的（近代スポーツ的）な"男らし
さ"の理想を維持，あるいは強化してしまう可能性も残している。実のところ，
これまでカムアウトしてきたプロ男性選手の多くが共通して述べる内容に，自
分たちには存在しなかったロールモデル——スポーツ的な男性性を備えている
こととゲイであることの両立——を自らが提供したい，というものがある[11]。
これは言い換えれば，それまで「男らしくない」あるいは「女性的」というス
テレオタイプに晒されがちであったゲイ男性であっても，近代以降の社会が期
待してきた「男らしさ」の理想を充分体現し，まっとうできるのだ，というこ
とを示したいという願望でもある。これは特に，男性性を代表するとされてき
た競技——たとえば，アメフトやイギリスにおけるサッカー，個人技ではボク
シングやレスリングを中心とした格技など——に顕著であるが，一方でフィ
ギュアスケートなど女性的なイメージが持たれている競技においては，ゲイ男
性であることがセクシュアリティとジェンダー両面からの偏見に晒されるとい
うことが起こりやすい［岡田 2019］。

　そもそも，近代以降の概念である同性愛というセクシュアリティが，どのよ
うなジェンダー観で理解されてきたか，あるいはどのようなジェンダー表象を
伴ってきたかについては，時代や地域によって大きな違いがある。しかしなが
ら，たとえば男性同性愛者をジェンダー的には「女性的」あるいは「男性と女
性の中間的存在」とみなす考え方は，常に有力な見解であり続けてきた。E.
K. セジウィックは，こうしたセクシュアリティとジェンダーの組み合わせと
理解可能性を「分離派／統合派」という軸で整理している。この枠組でいえば，
前述した男性的競技において「ゲイである」とカムアウトした選手たちの見解

11）　雑誌「Attitude」2010年2月号掲載のギャレス・トーマスのインタビュー記事より。

は，セクシュアリティの上では同性愛（ゲイ）を自らのアイデンティティとして分離的に捉え，ジェンダーの上でも「男らしい」（女々しくない，あるいは女らしさ／男らしさというジェンダーは分離している）という分離派の見解に当てはまるといえる［セジウィック 1999］。これは，言い換えれば男性性や"男らしさ"というものをジェンダーとセクシュアリティの関係性の概念として捉える視点と捉えることもできるだろう。

　一方，コンネルも男性性の理想をセクシュアリティを含めて定義し，女性の従属に加えて，男性ジェンダー内部においても特定の条件を満たす「男らしさ」を理想化した序列化，「主流–周縁」化がおこなわれており，特に同性愛男性は男性性の劣位に位置づけられることを指摘した。この概念はヘゲモニック（覇権的）マスキュリニティと呼ばれる。また，アンダーソンはヘゲモニック・マスキュリニティ概念を前提にしながらも，近年，スポーツ界を含めて徐々にセクシュアリティによる差別が軽減しつつあり，男性性の価値観が同性愛男性をも包摂しつつある状況をインクルーシヴ・マスキュリニティと定義している。これらは，セクシュアリティを含んだ男性性のあり方を，ジェンダーの側面から，あるいは一つのジェンダー・タイプとして設定しようとする概念ともいえ，ある意味では英語圏における"ジェンダー"観を表す典型例といえるかもしれない[12]。

　近代スポーツが，あくまでも近代以降のジェンダー体制およびその理想と不可分に発達し，強化してきた共犯関係にあるとするならば，たしかにセクシュアリティの上ではマイノリティであるゲイ男性も，ジェンダーの上ではシスジェンダー男性優位かつスポーツによる基準化された身体としての特権を享受することになる。そして2000年代以降の潮流の中で，徐々に"男らしさ"というジェンダーの理想が同性愛をも許容するように変化——つまりホモノーマティヴ化していくとするならば，これから先のスポーツにおいては性的マイノリティ内での序列が固定化され，またジェンダー秩序が再生産されてゆく危惧も高まってゆくことになる。つまり，性別二元性かつ男性優位につくられてき

---

12)　英語圏を中心としたジェンダー観と，他地域における多様な性のカテゴリーの可能性については第9章3節を参照。

た近代スポーツの枠組み内では，そのセクシュアリティを問わずシスジェンダー男性が有利となり，レスビアンを含んだシスジェンダー女性は劣位となる。また，近代スポーツが想定していなかったジェンダーをわたる／越境する存在であるトランスジェンダーは，原理的に競技スポーツへの参入が困難であり，その参加に際してはトランスジェンダー男性（FTM）／トランスジェンダー女性（MTF）ともに，常に公平性とクオリフィケーションについての議論に晒されることになる。

　結果として，仮にセクシュアリティによる差別が解消されたスポーツ環境が実現したとしても，そこには再びジェンダーの区分が前景化し，なおかつ性別二元制が前提として埋め込まれた近代スポーツにおいて，この問題の解決は原理的に不可能でもある。本章で述べてきた事例は，あくまでも英米を中心とした地域における現在もっとも先進的な事例が中心となっており，こうした地域にあってすら，ゲイの人びとや選手に対してはいまだ激しい差別や偏見が存在している。また日本に目を移すと，プロレベルはおろかアマチュア・スポーツ界を見渡しても，いまだゲイであるとカムアウトした選手はほぼ皆無に近い。こうした現状にあって，上記で指摘したようなホモノーマティヴなスポーツ環境を問題化し，積み残されるマイノリティと格差について危惧することは，いささか時期尚早との考え方もあるかもしれない。しかしながら，この20年間だけをとってみてもスポーツと性的マイノリティを取り巻く環境は大きく変化しており，また，かつてであれば現実的な可能性として想定されてこなかったトランスジェンダー選手の競技スポーツ参加も，すでにオリンピックを含めて現実のものとなっている。社会の趨勢を考えれば，上記のような想定はすでに起こりつつある状況に対応するための視座として不可欠ともいえ，男性化された文化であるスポーツにおいて，マジョリティ／マイノリティを区分ける線分はすでに変化をはじめていることに意識的でありつつ，さらにはその境界──何がどこまで排除されるのか──を注視し続ける必要が高まっている。

　追記：
　2022年5月，ブラックプールFC所属のジェイク・ダニエル選手が，1990年のジャスティン・ファシャニュー以降，実に32年ぶりにイギリスのプロサッカー選

手としてゲイであることをカムアウトした。これまで他のスポーツや，あるいは他国での男性サッカー選手のカムアウトが続く中，イギリスにおけるサッカーという競技のもつ文脈——労働者階級男性の理想を体現する——から，プレミア・リーグではもっともゲイとしてのカムアウトが困難であるとされてきたが，17歳という若いダニエル選手の登場は，世界的な流れのなかで英国のサッカー環境が変化しつつあることのひとつの象徴といえるだろう。

引用・参考文献

岡田桂［2004］「喚起的なキス——サッカーにおける男らしさとホモソーシャリティ」『スポーツ社会学研究』12巻，日本スポーツ社会学会，37-48。

————［2010］「ジェンダーを“プレイ”する——スポーツ・身体・セクシュアリティ」『スポーツ社会学研究』18巻2号，日本スポーツ社会学会，5-22。

————［2016］「セクシュアリティ化される男性性の理想——1930—80年代の米国フィジカル・カルチャー雑誌における男性身体表象とホモソーシャル連続体」『体育学研究』61巻1号，日本体育学会，197-216。

————［2019］「スポーツにおけるマスキュリニティのグローバルな再配置——フィギュアスケート・人種・セクシュアリティのジェンダー表象」『スポーツ社会学研究』27巻2号，日本スポーツ社会学会，29-48。

熊安貴美江［2003］「男女いっしょの体育は無理？」天野正子・木村涼子編『ジェンダーで学ぶ教育』世界思想社。

コンネル，ロバート，W.［1993］『ジェンダーと権力——セクシュアリティの社会学』森重雄，加藤隆雄，菊地栄治，越智康詞訳，三交社。〈Connell, R. W. [1987] *Gender and Power: Society, the Person and Sexual Politics*, Polity.

セジウィック，イヴ，K.［1999］『クローゼットの認識論——セクシュアリティの20世紀』外岡尚美訳，青土社。〈Sedgwick, E. K. [1990] *Epistemology of the Closet*, Univ. of California Press〉

Anderson, E. [2009] *Inclusive Masculinity: The Changing Nature of Masculinities*, Routledge.

Beale, C. [2012] *Born Out of Wenlock: William Penny Brookes and the British Origins of the Modern Olympics*, DB Publishing.

Brittain, I. S. [2008] "The evolution of the Paralympic Games," In et. al Cashman, R. and Darcy, S., *Benchmark Games: The Sydney 2000 Paralympic Games*, Walla Walla Press.

Cascarino, T. [2003] "Game On sports," *The Times*. April 28th

Cockerline, D. [1982] "Gay Olympic Games: Sweat and Fun, Despite Injunction," *The Body Politic*, No. 88.

Kopay, D. and Young, P. D. [2001] *The David Kopay Story: An Extraordinary Self-Revelation*, Advocate Books.

Nelson, C. [1989] "Sex and the Single Boy: Ideals of Manliness and Sexuality in Victorian Literature for Boys," *Victorian Studies*, (32)4(Summer): 525-550. Indiana UP.

Peters, R. [1976] "Television Coverage of Sport," *CCCS: Stenciled Occasional Paper* (48), Centre for Contemporary Cultural Studies.

Read, J. [2012] *Justin Fashanu the Biography*. DB Publishing.

Tuaolo, E. and Rosengren, J. [2006] *Alone in the Trenches: My Life As a Gay Man in the NFL*, Sourcebooks Inc.

Waddell, T. and Schaap, D. [1996] *Gay Olympian: The Life and Death of Dr. Tom Waddell*, Knopf.

第 4 章

女性スポーツとセクシュアル・マイノリティ

「日本人女性アスリート」のカミングアウトから

はじめに

　2019年2月，ドイツ女子サッカーの SV メッペンに所属していた下山田志帆
が，Twitter などを通じて「彼女がいる」ことを公表した[1]。それはセクシュ
アル・マイノリティとしてのカミングアウト[2]を意味しており，日本の現役ア
スリートとしては過去に例をみないことであった。当該ツイートに攻撃的なリ
プライが殺到するなどといった目立った被害を受けることもなく，新聞やウェ
ブ媒体では「日本人女性アスリートのカミングアウト」が好意的にとりあげら
れた。そしていま，下山田は日本における「LGBTQ アスリート」の代表的存
在として，トークイベントや講演での発言を求められている。

　おりしも日本では，2020年に東京オリンピック・パラリンピック（東京2020）
の開催が予定されており，「ダイバーシティ推進」ムードが高まっていた。国
際オリンピック委員会（IOC）によって採択される現行のオリンピック憲章は，
すべての個人をめぐるいかなる差別も禁じるとともに「人種，肌の色，性別，
性的指向，言語，宗教，政治的またはその他の意見，国あるいは社会的な出身，
財産，出自やその他の身分など」によって自由や権利が妨げられないことをオ
リンピズムの根本原則としてうたっている[3]。そして IOC は，オリンピズム

1）　下山田志帆の個人アカウントからの Twitter 投稿（https://twitter.com/smymd125/status
　　/1100297726988877824?s=19）より（2021年8月25日閲覧）。

2）　自身のセクシュアリティやジェンダー・アイデンティティを知られないようにするこ
　　とを「クローゼット（のなかにいる）」と表現する。カミングアウトはそれを自ら公表
　　し「クローゼットから外に出る（coming out）」ことである。

3）　公益財団法人日本オリンピック委員会『オリンピック憲章 Olympic Charter』2020年
　　版・英和対訳。

の根本原則が理解され，オリンピック憲章が遵守されるよううながすことを各国オリンピック委員会の役割とし，そのための機会としてオリンピック競技大会を位置づけている。したがって，2013年の招致決定以降，日本オリンピック委員会のみならず自治体や民間企業がLGBTQに関心を向けたこと，とりわけ東京都でいわゆる「LGBT差別禁止条例[4]」が制定されたことなどは，開催国において起こりうる現象であったといえる。社会課題としてのLGBTQを重視する動きがみられるのは，スポーツや東京2020にかかわる領域だけではない。グローバル化する世界で目指すべき方向性として「共生社会の形成」や「ダイバーシティ推進」が掲げられるなか，さらには性の政治におけるLGBTQ主流化の影響もあり，少なくとも先進国においてLGBTQはすでに取り組むべき主要テーマのひとつとして認識されていた。下山田の事例に先行する，海外のオリンピック選手やその他の有名アスリートによるカミングアウト，およびそれに対する社会的な支持・支援も，そうした流れに位置づけることができる。

　日本では上記のとおり，性の政治をめぐるグローバルな動向に追従するようなかたちでLGBTQに対する社会的な注目度が高まった。しかし同性に対して恋愛感情や性的欲望を抱く人びとや同性間での恋愛を含む親密な関係を築く人びとは，LGBTQという概念が普及する前からコミュニティを形成しており，そこで展開された政治がそのまま昨今のLGBTQブームにつながるとは限らない。また，女同士の親密な関係あるいは女性の同性愛者の歴史において，女性たちは必ずしもつねに「LGBTQのL」として「レズビアン」を名乗っていた，あるいはそう名付けられていたわけではない。「日本人女性アスリート」による日本社会に向けたカミングアウトは，LGBTQブームの一環としてだけではなく，こうした歴史的・社会的文脈においてとらえる必要もあるだろう。

　以上の認識および問題関心から，本章は，セクシュアル・マイノリティの女性アスリートのカミングアウトが日本でどのように受け止められ，どのような社会的意味もつのかということを考察するものである。その際に，背景として

4）　2018年10月に制定された，「オリンピック憲章にうたわれる人権尊重の理念の実現を目指す条例」。同条例の第2章に「性自認」および「性的指向」を理由とする不当な差別の解消や啓発の推進が明記されている。

東京2020を前にひかえる日本でうたわれた「多様性の尊重」や「ダイバーシティ推進」との関連，英語圏のスポーツにおけるレズビアンの位置づけ，近代以降の日本における女性の「同性愛」の変遷をふまえ，それら複数の文脈が交わるところに女子サッカー選手下山田志帆のカミングアウトという事例をおいて論じたい。

1　女性スポーツにおける「レズビアン」

　2021年に開催された東京オリンピックでは，セクシュアル・マイノリティであることを公表したいわゆる「LGBTQアスリート」が185名，30ヶ国を超える国々から参加したという。そのなかでもっとも人数が多かったのはアメリカであり，イギリスやカナダがそれに次ぐなど，英語圏の国々が大勢を占める[5]。たとえばアメリカ代表には，女子サッカーだけで4人の「LGBTQアスリート」が在籍していた。アリ・クリーガーとアシュリン・ハリスは，同じ代表のチームメイトであり，結婚したカップルでもある。ミーガン・ラピノー（図4-1）は，ロンドンオリンピックを目前にした2012年7月，セクシュアル・マイノリティをおもな読者層とする雑誌『OUT』を通じてカミングアウトした。ラピノーの婚約者スー・バードは，女子プロバスケットボールリーグWNBAに所属するアメリカ代表選手である。カミングアウト以降，ラピノーは優れたサッカープレイヤーであると同時にスポーツ界のLGBTQアイコンでありつづけた。2020年には『TIME』誌「世界でもっとも影響力のある100人」に選ばれるなど，スポーツという枠を超えて幅広い注目を集める立場から，さまざまな機会を通じてLGBTQにとどまらないジェンダー格差の問題をめぐる主張や反差別のメッセージを積極的に発信している。同じく女子サッカーで，2015年の競技引退までアメリカ代表として歴代最多得点をあげるなど活躍したアビー・ワンバックも，改まった公表こそしていないが現役時代から同性

5）　Outsports. com（https://www.outsports.com/olympics/2021/7/12/22565574/tokyo-summer-olympics-lgbtq-gay-athletes-list）より（2021年9月19日閲覧）。

パートナーがいることは知られており，引退後は女性のリーダーシップ開発の団体を設立するなど社会的な活動に取り組んでいる。名門女子大学のバーナードは，サッカーの才能だけではなく「男女平等や賃金格差や同性愛者の権利の問題への関わり方にも感動」［ワンバック 2020：11］したという理由で卒業式での祝辞をワンバックに依頼した。

　このような近年の状況を概観すると，少なくともアメリカにおいて，「LGBTQ アスリート」はすっかり社会的承認を獲得しているかのようにみえる。しかし仔細を探れば，同性愛者のアスリートでセクシュアリティをオープンにしているのは圧倒的に女性が多く，男性は女性の 1 割程度しかいないという状況がみえてくる。また，トランスジェンダーの女性アスリートが，競技の場から排除されたり競技への参加を非難または妨害されたりする問題もあとを絶たない。こうした点からみても，スポーツにおける LGBTQ の包摂が実現しているとは言いがたいのである。また，アメリカで活動する女性アスリートに限ったとしても，少し時代をさかのぼるだけで異なる状況がみられる。たとえば女子テニスのビリー・ジーン・キングは，1981 年に元交際相手の女性が訴訟をおこしたことで「同性愛」があかるみに出た。同年，マルティナ・ナヴラチロワは，当時アメリカ市民権獲得のプロセスにあったことからセクシュアリティの公表を望んでいなかったにもかかわらず，彼女が「レズビアン」であるとジャーナリストによって暴露された。このできごとによって，キングとナヴラチロワは多くのファンばかりかスポンサーも失っている ［Griffin 2016; Mann and Krane 2019］。2013 年，WNBA のブリトニー・グライナー（図 4-2）がカミングアウト後にリーグ初のオープンなレズビアンとして NIKE と契約し，リーグのマーケティン

図 4-1：大会 MVP と得点王の個人 2 冠を達成したミーガン・ラピノー（FIFA 女子ワールドカップ フランス2019 決勝）
写真提供：DPPI ／フォート・キシモト

図 4 - 2：東京オリンピック（2020）バスケットボール女子決勝戦でのブリト
ニー・グライナー
写真提供：フォート・キシモト

グにおける中心的存在となったことに比べると，テニス界を代表するプレイ
ヤーとして名高い二人ですらこのような経験を強いられた当時のアメリカ社会
およびスポーツ界が，いかに明確にレズビアン排除の姿勢を示していたかがわ
かる［Mann and Krane 2019］。

　有名アスリートではない場合も，それは同様であった。カミングアウトの有
無によらず，「レズビアン」とみなされたメンバーはチームから外され，チー
ムの指導者は解雇された［Mann and Krane 2019］。ペンシルバニア州立大学の女
子バスケットボール部では，1980年代から26年間コーチを務めた人物が「No
Drinking, No Drugs, No Lesbians（飲酒禁止，薬物禁止，レズビアン禁止)」という規
則を課し，違反者とされた何人もの選手が退部に追い込まれていたこと，それ
を大学側も黙認していたことが発覚している[6]。このような状況下で，多くの
女性アスリートは「レズビアンの疑い」をかけられることを恐れてきた。レズ
ビアンがクローゼットに閉じこもらざるをえなかったのはもちろんのこと，レ

<hr />

6）　ドキュメンタリー映画『Training Rules : No Drinking, No Drugs, No Lesbians』（Dee
　Mosbacher・Fawn Yacker監督，2009年，アメリカ）より。

ズビアンを自認しない女性もまた自分が「疑いようもなく異性愛者であること」を他人に知らしめる必要にせまられたのである。

　そもそも女性アスリートは，スポーツに熱心に取り組む女性であるというだけで「レズビアンの疑い」をかけられやすい状況にあった。競技としてのスポーツは「男がするもの」で，スポーツでの勝利や強さを示すのは「男らしい」こととされていたためである。とりわけサッカーやラグビー，レスリング，ボクシング，アイスホッケーなど，激しいボディコンタクトをいとわない勇敢さや強靭な肉体によって「男らしさ」が示されてきた種目において，その傾向は強まった。スポーツのパフォーマンスや競技への熱意，あるいは男性と変わらないウェアを身に着けることを通じて，女性アスリートは「男のような女」とみなされた。そして，「男のよう」であることを根拠に，彼女は「男のよう」に女を欲望する女なのではないか，と否定的に解釈されたのである。もちろんそれは，ジェンダーとセクシュアリティを混同したうえでの偏見にすぎない。それでも，女性アスリートに対するネガティヴなイメージを払拭するために男性的な見た目のレズビアンを試合に出さないなどの対応に向かわせる程度には，この偏見は影響力をもったのである [Russell 2007]。

　一方，日本のセクシュアル・マイノリティをとりまくスポーツ環境には，欧米とは異なる側面がみられる。先に示した差別や排除，つまり「レズビアンである」という理由でチームから外されたり指導者の職を失ったりすることが，セクシュアル・マイノリティ差別として問題化されるには至っていない。とはいえそれは，日本に差別が存在しないということではない。2008年におこなわれた量的調査では，セクシュアル・マイノリティの回答者213名のうち55.9％が体育・スポーツの場において同性愛に関する不快な発言を聞いている [風間ら 2011]。また同時期におこなわれた体育系学部の学生や職員を対象としたインタビュー調査では，「男っぽい」女性選手とレズビアンの可能性を結びつけ，女性スポーツ集団に同性愛的要素を含んだ親密な関係性が存在するとみなす一方で，カミングアウトを通じたセクシュアリティの明示は歓迎しないといった「同性愛に対する態度」がみられたという [飯田 2011]。これらの調査は，日本においてもスポーツと同性愛嫌悪が決して無縁ではないことを示唆している。しかし同時に示されたのは，「女っぽい」男性選手と比較すると「男っぽ

い」女性選手は受け入れられやすいこと，男性スポーツ集団における同性愛者に対する男性の否定的態度と比較して，女性スポーツ集団における同性愛者に対する否定的態度は男女ともに弱いという傾向である。2018年におこなわれたインタビュー調査でも，運動部の女性同士の親密な関係性の存在とともに，それが大きな問題とはされていないことが確認されている［三上 2020］。

　「同性愛に対する態度」にみられるジェンダー間の違いは，ホモソーシャルという概念にもとづいて次のように説明される。第1章や第3章で詳述されているとおり，スポーツは「男性同士が強い絆で結ばれ，仲間意識とともに自分たちが有利となる集団や組織，権利関係を形づく」ってきたという点において，典型的にホモソーシャルな領域である［岡田 2018：10］。ホモソーシャルな領域においては，ミソジニーによって女性が排除され，同性愛嫌悪を通じて「男同士の絆」からセクシュアルな要素が切り離されることで異性愛男性を中心とする強固な権力構造が維持されてきた。スポーツにおけるゲイ男性は，ホモソーシャルとホモセクシュアルの曖昧な境界線をゆるがす脅威となることから，強力な同性愛嫌悪によって徹底的に排除される。一方，男性中心主義のスポーツ文化においてすでに周縁化され傍流に位置づけられている女性スポーツの場合，同性愛嫌悪が存在しないわけではないが，レズビアンの排除を通じて女性間の絆を強化する力学は，はたらきづらい。また，日本では，従来「男のスポーツ」とされていた種目を専門とする女性アスリートが，競技に必要とされる筋肉質で強靭な「男らしい」身体をもち，異性愛への興味を示さないことは「少なくともスポーツのコンテクストにおいては性的な倒錯を示唆しない」［井谷 2021：170-171］とされ，この点は北米における知見とは大きく異なるという指摘もある。

② 近代以降の日本における女性の「同性愛」

　女性アスリートのカミングアウトに対する日本社会の反応には，前節で述べたスポーツ特有の文化的背景の他に，日本におけるレズビアンの（不）可視性［堀江 2015］が関係すると考えられる。赤枝によれば，西洋からロマンティッ

ク・ラブの概念が輸入された明治中期以降の日本では，おもに女学校という場で女性同士が一対の親密な関係を築くあり方，すなわち「恋愛」の実践が存在した。西洋的な性科学の影響を受けた層によって〈同性愛〉が病理化された側面はありつつも，その認識が絶対的なものとして普及するには至らなかった。むしろ〈同性愛〉は「仮性／真性」なる認識枠組みを経て，1920年代後半以降には，「仮性」にあたる関係は将来的な望ましい異性愛の下位に置かれるものとして許容された。それはあくまでも精神的な関係であり「一時的なもの」，女学生の多くが経験する成長の一段階とみなされたためである。しかし女学校卒業後も親密な関係を続けようとすれば，社会の厳しい視線にさらされ，そこには結婚しない女，母にならない女への非難がともなったという［赤枝 2011］。

　この過程にあたる1920年代は，女学校を舞台として「女子運動熱」すなわち女性スポーツ人気が高まった時期でもある。女学生向け雑誌には女性選手が競技会の記事だけではなく巻頭グラビアにも頻繁に登場し，アイドル的な存在として女学生たちの憧れの的となる。そのなかで，選手に「同性愛的なまなざし」を向けた読者投稿や同性愛的な関係を描いた小説が掲載されることもあった［高橋 2005］。とはいえこのころ，女性選手が競技に取り組めたのは女学生の間だけであり，多くは卒業とともにあるいは在学中に結婚し，競技を退いている。人気選手の1人で，女子日本代表として初のオリンピックメダリストでもある人見絹枝は，女学校卒業後も独身のまま新聞記者として働きながら陸上競技を継続したが，国際大会で結果を出す人見に向けられたのは好奇のまなざしであった。後輩女性との同居に加えて「男性的な」体格から同性愛者ではないかと否定的に噂されるなど［笹尾 2009］，日本において，女学校の「外」でスポーツをすること，そして女性同士の関係を継続することが，いかに社会的に承認されなかったかがみてとれる。

　戦後，女性の同性愛への認識が「若い女性同士のプラトニックな関係」から肉体的な欲望をともなう関係へと変化し，そうした関係およびその主体を示す際に外来語である「レズ（ス）ビアン」が用いられた。とくに1970年代以降は，異性愛男性向けにポルノ化された表象をともない，異常な性愛としての「同性愛」と一体化した「レズビアン」あるいは「レズ」のネガティヴなイメージが社会的に共有され定着していく［赤枝 2014］。1990年代以降，レズビアンがマ

イノリティとして認識されるようになってからも、「異常な性愛」としての意味や過度に性的な存在としてポルノ化されたイメージは完全に払拭されたとはいえず、そのことが女性同性愛者によるカミングアウトを困難にした。

カミングアウトをめぐる困難についてはさらに、それが「無化」されてしまうという指摘がある［堀江 2015］。堀江によれば、社会的行為としてのカミングアウトには、同性愛者としての自己を可視化することで異性愛があたりまえとされる社会を問題化するという意義があり、したがってそこには多くの場合、社会からの反発がおきる。ところが女性のカミングアウトは、ゲイ男性のそれと比較して寛容に受け止められることすらあるようにみえる。それは、女性の同性愛が「一時的なもの」とみられ、カミングアウトが「なかったこと」にされてしまうためであり、したがって社会からの反発を引き出すほどのインパクトをもちえない。そして結果的に、レズビアンは「いない」ことになるのである。日本におけるレズビアンのこのような不可視化は、戦前の女学生たちの親密な関係が無害な女学校文化として許容されていたことだけではなく、現代の女性スポーツ選手の異性愛への無関心が「アスリートとしての」あり方として理解され、異性愛ではないセクシュアリティの可能性が不可視化されていることをも想起させる［井谷 2021］。

3 カミングアウトの社会的な意味
—— 下山田志帆の事例

前節まで、英語圏におけるスポーツとレズビアンが、そして近代以降の日本における女性の「同性愛」が、それぞれの社会においてどのように意味づけられてきたかを概観した。それを受けて、冒頭で紹介した下山田の事例にふたたび注目したい。本節では、著者が下山田にインタビューした内容にもとづいて議論を進める[7]。

----

[7] 下山田へのインタビューは2021年6月3日、オンラインでおこなわれた。約1時間のインタビューには本書の著者である山口理恵子も同席した。本章で記載しているのはZoom の機能を用いて録音した音声データを文字起こししたインタビュー内容からの引用である。

先述のとおり，下山田は2019年2月に氏名を表示した個人のTwitterアカウントで，「女子サッカー選手やってます。そして，彼女がいます。」とツイートした。

　　私自身の人生におけるカムアウトの経験としては，大学1年生の頃から徐々に信頼できる友人にカムアウトをしていて，それで，2018年の12月には親にカムアウトをしました。そうやって徐々に，私個人としてはカムアウトの輪を広げていったような感覚が大きいんですが，そうなってくると逆に，話してない人たちに対して日々嘘をついてるような感覚がすごく大きくて。それがとても苦しいなと思ったときに，だったらいっそ，もう完全に言ってしまえと。

　このように，下山田にとって，Twitterやnoteでの公表が初めてのカミングアウトではない。信頼できる友人や親へのカミングアウトからポジティヴな感触が得られたことをふまえて，ウェブを通じて社会に向けて広く発信したという経緯がある。

　下山田は小学3年から関東の地元クラブでサッカーを始め，全国大会の常連校である都内の女子高でサッカー部，大学で女子サッカー部に所属し，ユニバーシアード日本女子代表候補にも選ばれた経歴をもつ。大学卒業後はドイツの2部リーグでプロ契約選手として2シーズンを過ごし，2019年に帰国してからはなでしこリーグ1部でプレイした[8]。約20年間のサッカーキャリアのなかで，自分が「女であること」を強調されたり「女らしさ」を求められたりすることへの違和感，同性との恋愛，現在のパートナー女性との出会いを経験して，カミングアウトに至る。

　カミングアウトしてからの自身の変化について，下山田は以下のように語る。

　　私自身は，一言で言えばすごく楽になったなというふうに思っていて。自分が思ったことはどこでもそのまま言えるようになりましたし，それは仕事の上でもそうですし，チームでもそうですし，プライヴェートでもそうで，どの場面でも，自分が思ったこと考えたことは全部そのまま言えるようになったのが，すごく楽だなって思いましたし。

----

[8]　2022年1月に所属クラブのウェブサイトを通じて退団が発表された。

一方，周囲の変化としては次の2点があげられた。

　一つ目は，もともと知り合いだった人たちの反応。そこでいうと，まあ，いい意味でなにも変わらなかったなと思ってますし，変わったとしても，たとえば，「私，昔こういうこと言っちゃったよね。ごめんね」っていう連絡がきたりとかもしたので，極めてみんなポジティヴな反応，もしくは，変わらないという意味でポジティヴな反応をもらえたなというふうに思ってます。

セクシュアリティについてすでに打ち明けていた友人や親からの反応に手応えを感じて，公表する範囲を広げたところ「何も変わらなかった」，つまり同性のパートナーがいることに対する周囲からの拒否反応はなかったという。

　もう一つは，全然私と面識がなかった人たちの反応でいくと，同じようにスポーツをされている当事者の方から連絡をいただいたりとか。それはもうスポーツに限らずで，当事者の方から，「私もカミングアウトする勇気はぜんぜんなかったけど，まずは信頼できる人からしてみようかなと思いました」っていうコメントいただいたりとか。それこそ，先日ラグビーの村上愛梨選手も公表しましたけど，村上選手からも，確か2019年に「いずれは私も」というふうに，連絡をもらってました。

　公表の場としてソーシャルメディアを選んだことで，カミングアウトは不特定多数の人びとに広がり影響をおよぼした。とくにTwitterはリツイート機能によって想定外の範囲にまで情報が拡散することもしばしばあり，リプライやダイレクトメッセージによって発信者へ直に言葉を届けることが容易である。上記の語りから，下山田のカミングアウトがスポーツ界におけるクローゼットのセクシュアル・マイノリティを触発した様子がうかがえる[9]。

　ソーシャルメディアを起点とした反応に加えて，スポーツ団体等が開催する研修会やシンポジウム，トークイベント等で「当事者」として話をする機会をもつようにもなった。また，新聞のデジタル版を含む情報発信メディアは，カ

9）　ここで言及されている「ラグビーの村上選手」はのちに「同性のパートナーがいる」ことをカミングアウトした。詳細は本書78ページからのインタビューを参照。

ミングアウトの経緯だけではなく下山田がいかに「楽になった」かを，スポーツ界に変化をうながす論調で報じている。ただし取材の申込みはダイバーシティをテーマとするメディアからものもが多く，スポーツ系メディアからのものは少ないという[10]。

　以上が，カミングアウト以降の下山田自身の変化と周囲の反応についての語りであり，その内容は，カミングアウトが全面的にポジティヴな効果をもたらしたかのようである。しかし，下山田はこの状況を前向きに受け止めると同時に違和感や戸惑いをおぼえてもいる。

　　今でもすごく思ってるのですが，やっぱりカミングアウトをしたアスリートっていう絶対的な母数がすごく少ないので，正直，責任は重いなとも思っていて。なんかこう，私ひとりが，LGBT アスリートとしてここ 2 年間ぐらいを走り続けてきた気持ちもあって。当事者のなかにもいろんなアスリートがいて。もちろん当事者のなかにもいろんな方がいて，いろんなセクシュアリティがあるって思うんですけど，そこが見えてこなかったなっていうのは，正直私はすごい責任が重いなと思いながら走りつづけてきました。

　　LGBT 平等法の話もありますけど，社会のなかでは，性的指向によって差別された人たち，差別された経験をもとに声を上げてる人ってけっこう多いと思っていて。その経験は私，そこまでないんです。取材を受けたときも，当事者の声を自分はそこまで代弁できてないなって思ってしまうときがあって。それは，少し苦しいなと思ってました。

　「アスリートの当事者の声は，たぶん一般社会からするとすごくポジティヴに響くんだろうな」との思いから，下山田は「LGBTQ アスリート」という立場を引き受け，求めに応じて当事者としての経験を発信してきた。しかし同時に，自分がすべての当事者の代表ではないと認識しており，それゆえに社会的に発信することの困難を感じることもあるという。

　このことに関連してふたたび Twitter でのカミングアウトに目を向けると，

10）　詳細は本書165ページからのインタビューを参照。

下山田は自身について「彼女がいる」女子サッカー選手であると表現しており，メディアの取材においても「レズビアン」とは表現していない。そのうえで，さらに踏み込んだ説明をする際には「メンズ」という言葉を使う。著者の知るかぎり，「メンズ」は日本の女子サッカー界で20年前には存在し，自称他称を問わず使用される。明確に言語化された定義はなく，「男性的な容姿やふるまい」，「恋愛対象が女性」という二つのポイントを押さえたところでゆるやかにイメージが共有されている。英語圏の「ブッチ」を想起させるが，一般的にレズビアン・カルチャー内部でいわゆる女性的なレズビアンを示す「フェム」と対照的な位置づけにあるのが「ブッチ」だとすれば，「メンズ」はそもそもレズビアンのアイデンティティを前提としない点で固有性をもつ概念だといえる。また，第7章で示すとおり，「メンズ」には女性と分類される自分に違和感をもつトランスジェンダーも含まれ，競技引退後にホルモン治療や性別適合手術をうける人もいる。

　　私自身，女子サッカー界にいてすごくよかったなというふうに思うのは，「メンズ」の存在があることで，性的指向を理由に差別を個人的に受けたりしたことがないんです。むしろみんな温かく受け入れてくれるっていうか，「あたりまえでしょ」みたいな空気感があって，すごく生きやすかったなって思っていて。

　　レズビアンというワードに対してなんで違和感があるかといえば，たぶん私たちのなかでも，レズビアンイコールすごくフェミニンな人たちっていうイメージが強いんですよね。いわゆる女性らしさがほんとに嫌な人たちがたぶん「メンズ」になっているので。その女性という象徴みたいなイメージがレズビアンにあるから，「自分じゃない」と思ってるんだと思うんです。

　　（新宿）2丁目に何回か行ったことありますけど，私は居心地悪いなと思いましたね。女子サッカー界ってむしろ「メンズ」がすごい人気なんですよ。だけど，そのLGBTコミュニティに入っていくと，なんか急に，私たちみたいないわゆるボーイッシュな人たちがすごくこう，なんですかね，立場が逆転するなと思いました。

これらの語りからわかるように，下山田にとって「レズビアン」とはフェミ

ニンな女性同性愛者を意味する言葉であり，「女らしく」あることを忌避する同性愛者として「メンズ」というカテゴリーがある。先述した1970年代以降の「レズビアン」のスティグマ化と並行して，日本のレズビアン・コミュニティは，「レズビアンとは誰か」をめぐって思考と議論を重ねている。そこでは「男役・女役」や「タチ・ネコ」といった概念と異性愛主義へのスタンスやウーマン・リブとのかかわり，レズビアン・コミュニティ内部の差異などを軸として，「レズビアン」というカテゴリーそれ自体やアイデンティティが，さまざまな角度から問いなおされた［飯野 2008; 杉浦 2019］。一方で下山田の語りからは，スポーツ界の内部にいる同性愛者が，コミュニティが経験してきたカテゴリーそのものを問うようなプロセスの影響を，ほぼ受けていないようにみえる。それ自体は，批判されるようなことではもちろんない。ただし，日本において現役の女性アスリートが初めてカミングアウトしたこと，および日本社会における「LGBTQ アスリート」なる存在について考える際には，ここで垣間みられたコミュニティとスポーツ界との距離が意味をもつのではないか。

4 「日本人女性アスリート」の カミングアウトがもちうるインパクト

　以上のとおり，現在の日本社会においてセクシュアル・マイノリティの女性アスリートがカミングアウトすることがもつ意味を問うため，2019年にセクシュアリティを公表した女子サッカー選手の下山田志帆の語りに沿って，カミングアウトにともなう自己および周囲の変化，そして違和感についてまとめた。

　このできごとは，社会的にはどのように意味づけられたのだろうか。カミングアウト以降，下山田には複数のメディアから取材の申し込みがあったという。一部の新聞記事は，カミングアウトの経緯を紹介したうえで，下山田の発言を用いながら，隠していた「自分の本当の姿[11]」をみせて「ありのまま[12]」の自分で生きられるようになったとカミングアウトの「成果」を紹介している。複

11)　朝日新聞2019年 3 月24日朝刊。
12)　東京新聞 web 版2019年 9 月 1 日（https://www.tokyo-np.co.jp/article/23424）（2021年 9 月 1 日閲覧）。

数のメディアに共通するのは，記事を通じてカミングアウトした当事者が否定されない社会，セクシュアル・マイノリティへの理解がある社会をめざすことの大切さをうたっている点である。メディアがこの件に注目した理由として，日本において現役アスリートがセクシュアリティを公表するということ自体のニュース価値だけではなく，「共生社会の形成」，「ダイバーシティ推進」という日本社会の潮流が意識されたと考えられる。東京2020オリンピック・パラリンピックは，以下のとおり「多様性と調和」を大会ビジョンにおける基本コンセプトのひとつに掲げる[13]。

> 人種，肌の色，性別，性的指向，言語，宗教，政治，障がいの有無など，あらゆる面での違いを肯定し，自然に受け入れ，互いに認め合うことで社会は進歩。東京2020大会を，世界中の人々が多様性と調和の重要性を改めて認識し，共生社会をはぐくむ契機となるような大会とする。

とはいえオリンピック・パラリンピックに参加した「LGBTQ アスリート」のなかに，日本代表選手の名前はみられない。そこで下山田は，オリンピック選手ではないながらもこの東京2020を契機とした「多様性と調和」を象徴する1人としてあつかわれ，「LGBTQ アスリートの日本代表」としての発言が期待されたのだろう。

ここでふたたび，堀江による社会的行為としてのカミングアウトの意味に目を向けると，それは以下の二つにまとめられている。

> ①異質性——"みんなと同じ異性愛"ではないこと——を表明することによって，異性愛を"あたり前"のものではないこととして問題化すること，②同じように異質性をもつ同性愛者が分断され孤立させられている状況を問題化し，つながりをつくる可能性を提示すること，である。［堀江2015：119］

この観点から下山田の事例をふりかえると，カミングアウトによって②にあ

---

13) 東京2020大会公式 Web サイト「大会ビジョン」（https://www.tokyo2020.jp/ja/games/games-vision/index.html）より（2021年8月25日閲覧）。

たる変化がみられたこと，とりわけスポーツ界のセクシュアル・マイノリティ当事者とのつながりが形成されたこと，あるいは他のアスリートがカミングアウトに向かう契機が生じたことがわかる。また同時に，日本のスポーツ界ひいては日本社会における同性愛嫌悪によってクローゼットに閉じこもらざるをえない当事者に対する，ポジティヴなメッセージやエンパワーメントにもなったことだろう。

　一方でこのカミングアウトは，異性愛が「あたり前」とされている現代社会および異性愛を前提とした社会構造の批判的な問い直しをマジョリティにうながすような，ラディカルなインパクトにはなっていない。それはカミングアウトした下山田の言動のせいではなく，いまの日本が，セクシュアル・マイノリティ女性のカミングアウトを社会の基盤を問い直す契機として受けとめることができる社会ではないことによる。先述した歴史的・社会的文脈につなげてみるならば，下山田がパートナーと築いてきた関係は，公表しても異性愛に移行するまえの「一時的なもの」として不可視化されメディアが見向きもしない可能性や，SNSでポルノ化のまなざしを向けられたり性的に揶揄されたりする可能性があった。しかし実際はそのような反応は少なくとも目立つかたちでは確認されなかったばかりか，下山田は「LGBTQアスリート」として社会的承認を得たうえで注目され，多くの取材を受け，社会的な発言を求められている。その背景として，東京2020をみすえた日本社会の「ダイバーシティ推進」とそのなかでの「LGBTQ」志向は無視できないだろう。

　ただしここでの社会的承認は，あくまでも「多様性と調和」の枠内での話である。「日本のLGBTQアスリート」としての下山田は，「調和」した社会の内部，すなわち現行の社会構造が維持される範囲内での変化をめざす主体としてのみ期待されている。日本社会の「ダイバーシティ推進」の一角を担う経済界は，それを「多様な人材の能力を引き出し，経済社会全体の生産性向上[14]」につなげるために取り組んでいるのであり，セクシュアル・マイノリティが直面する大小の困難を人権の問題として位置づけ，異性愛主義を土台と

14）　一般社団法人日本経済団体連合会（経団連）による2017年公開の文書「ダイバーシティ・インクルージョン社会の実現に向けて」（https://www.keidanren.or.jp/policy/2017/039_honbun.pdf）より（2021年9月19日閲覧）。

する社会構造や権力関係およびそれらに対するマジョリティの多くにおける無自覚を問題化するようなことは，めざしていない。このことから，「LGBTQ」カテゴリー自体の問い直しといった「調和」にそぐわない姿勢やメッセージを，東京2020がつくる多様性社会は「LGBTQアスリート」に求めていないことがわかるのであり，スポーツ界の明るく前向きなセクシュアル・マイノリティ表象と，レズビアン・コミュニティにおいて何度も輪郭線が引き直されてきた「レズビアン」とのずれは，ここに見いだせる。「レズビアンとは誰か」を問い，ときに怒りや対立を表出させつつ議論を重ね，その集合性をつくりかえるあり方，自分たちを不可視化してきた社会に批判的なまなざしを向け，さまざまなスタイルで抵抗を試みるあり方は，「調和」のコンセプトと相容れないばかりか，LGBTQ主流化のムーヴメントを日本社会が支持する根拠のひとつとなるところの東京2020，すなわちオリンピック（強行）開催との親和性もないだろう。そうした意味において，「カミングアウトした日本人女性アスリート」は，社会の根本的なあり方に対して異議申し立ての声をあげる「レズビアン」ではなく日本社会のダイバーシティを代表する「LGBTQアスリート」として，歓迎されたと考えられるのである。

引用・参考文献

赤枝香奈子［2011］『近代日本における女同士の親密な関係』角川学芸出版。

───［2014］「戦後日本における『レズビアン』カテゴリーの定着」小山静子・赤枝香奈子・今田絵里香編『セクシュアリティの戦後史』京都大学学術出版会。

飯田貴子［2011］「若者へのインタビュー調査から見えてくる『スポーツ環境における同性愛に対する態度』」『スポーツとジェンダー研究』第9巻，日本スポーツとジェンダー学会，62-74。

飯野由里子［2008］『レズビアンである〈わたしたち〉のストーリー』生活書院。

井谷聡子［2021］『〈体育会系女子〉のポリティクス──身体・ジェンダー・セクシュアリティ』関西大学出版部。

稲葉佳奈子［2021］「セクシュアリティと『女子』サッカー」『現代スポーツ評論45』，創文企画，87-97。

岡田桂［2018］「男らしさとセクシュアリティ」飯田貴子・熊安貴美江・來田享子編著『よくわかるスポーツとジェンダー』ミネルヴァ書房。

風間孝・飯田貴子・吉川康夫・藤山新・藤原直子・松田恵示・來田享子［2011］「性的マイノリティのスポーツ参加──学校におけるスポーツ経験の調査から」『スポーツとジェンダー研究』第9巻，日本スポーツとジェンダー学会，42-52。

笹尾佳代［2009］「変奏される〈身体〉——女子スポーツへのまなざし」疋田雅昭・日高佳紀・日比嘉高編著『スポーツする文学——1920—30年代の文化詩学』青弓社。

杉浦郁子［2019］「一九七〇年代以降の首都圏におけるレズビアン・コミュニティの形成と変容——集合的アイデンティティの意味づけ実践に着目して」菊池夏野・堀江有里・飯野由里子編著『クィア・スタディーズをひらく 1 ——アイデンティティ，コミュニティ，スペース』晃洋書房。

高橋一郎［2005］「女性の身体イメージの近代化——大正期のブルマー普及」高橋一郎・萩原美代子・谷口雅子・掛水通子・角田聡美著『ブルマーの社会史——女子体育へのまなざし』青弓社。

堀江有里［2015］『レズビアン・アイデンティティーズ』洛北出版。

三上純［2020］「運動部活動におけるホモソーシャリティの形成——「セクシュアリティ・ジョーク」と「恋愛指導」に着目して」『スポーツとジェンダー研究』第18巻，日本スポーツとジェンダー学会，20-34。

ワンバック，アビー［2020］『わたしはオオカミ——仲間と手をつなぎ，やりたいことをやり，なりたい自分になる』寺尾まち子訳，海と月社。

Griffin, P.［2016］"Overcoming sexism and homophobia in women's sports: two steps forward and one step back," J. Hargreaves and E. Anderson eds., *Routledge Handbook of Sport, Gender and Sexuality,* London and New York, Routledge, 265-274.

Mann, M. and Krane, V.［2019］"Inclusion or illusion? Lesbians' experiences in sport," Vikki Krane eds., *Sex, Gender and Sexuality in Sport*: *Queer Inquiries,* London and New York, Routledge, 69-86.

Russell, K.［2007］"'Queers, even in netball?' Interpretations of the lesbian label among sportswomen," C. C. Aitchison eds., *Sport and Gender identities: Masculinities, Femininities and sexualities,* London and New York, Routledge, 106-121.

今のチームはジェンダーとか
何もかも関係なく
同じスポーツをやっている，
ただシンプルにそれだけ

聞き手：山口理恵子，稲葉佳奈子

村上　愛梨（むらかみ あいり）

1989年東京都生まれ。大学卒業後，東日本地域リーグの秋田銀行で3年間，バスケットボールをプレイした後，2015年からラグビーに転向，横河武蔵野アルテミ・スターズに入団。2019年に女子15人制の豪州遠征で日本代表として1試合に出場。

▶ 自身のジェンダー・アイデンティティについて

——ご自身のセクシュアリティを自覚したのはいつ頃ですか。

　自分のセクシュアリティを自覚したのは高校1年生です。『金八先生』で，上戸彩が性同一性障害の役をして，その時に「オカマ」みたいな差別用語でいじめられるシーンもあったんですけど，あれを見て「言っちゃいけないことなんだな」って思ったし，もしかしたら私は性同一性障害なのかな？　と実際に思って，20歳の時に「自分どうなんでしょう？」ってお母さんと一緒に心療内科に行きました。それまでは（お母さんにも）ずっと言えなかったです。お母さんも（私のことがきっかけで）いじめというか差別にあっているから，隠すことがお母さんを守ることだと思ったんですよね。

(心療内科では)ただ同性が好きなだけだったんで「違う」って診断されたんですけど。でもそのドラマがきっかけかなと思いますね。

　(LGBTコミュニティのようなところに)行くっていうのはそんなになかったんですけど，ネットとかで繋がったりはしていましたね。そこでは連絡を取ったり，相談をしたりっていうのはあったと思うんですけど，そこまでLGBTとしての行動って本当になかったですね。

▶ カミングアウトについて

――どのような経緯でカミングアウトするに至ったのか，教えていただけますか。

　仲のいい子は(twitterでカミングアウトする前から)もちろん知っていたんですが，付き合う相手がノンケ(異性愛者)の方が多く，そういった人たちと付き合っているのは隠すのが前提なんですよ。なので，言えなかったんですよね。自分だけだったら別にいいんですけど，バレちゃったら相手のこともばらすことになるので。そういうのがあって30歳の時に付き合った今の相手がオープンな人だったので，それが結構でかいですね。「この人のことだったら言えるな」みたいな感じで，「同性のパートナーがいます」っていうふうに言ったんですよね。

　去年10月の国際カミングアウトデーの日にTwitter上で「自分は自分でしかない」っていうような，自分なりのカミングアウトをしました。Twitter上で下山田さんの投稿がバズっていて。自分もその時には言えるような環境にいたので，下山田さんのマネをする感覚でTwitter上で「自分は自分だ」みたいな感じで言ったんですよね。その後にInstagramで国際カミングアウトデーの時にカミングアウトをしたという感じで。だから下山田さんのマネをしたあとに自分がメッセージを送ったのかは，ちょっと前後はわからないんですけど，下山田さんが示してくれたっていうのもあって，自分も「ああ，アスリートとしてこんなかたちで　カミングアウトをしたらいいんだな」みたいな感じで表現しました。

　誰しもアスリートの前に1人の人間であると考えると思うんですが，過去の経験から自分を解き放ちたかったっていう気持ちがあって。友達から受け入れられなかったり，親も含めて差別を受けて仲間外れにされてしまったことがあったので，ずっと伏せなきゃいけないみたいな生き方をしてきていて，30歳になって今のパートナーと出会った時に「本当の自分のままで生きていきたい」というのが，アスリートとしてよりも大きかった。今も子どもたちの中に，自分のセクシュアリティを伏せなきゃいけないと思っている子もいるんじゃないかなっていうのもありました。でも，アス

リートとしてもやっぱりそういう経験をした時って仲間たちがスポーツの関係の人たちだったので，自分がカミングアウトをすることによって何か先に繋がるんじゃないかなという思いもありました。今のチームメイトも監督も全部受け入れてくれた環境も自分のスイッチになったというか。

──カミングアウトをした後，周囲の反応はいかがでしたか。

Twitter は結構 1 人歩きして，言葉がどこか行ったり，知らない人から言葉をいただいたりと。でもスポーツ関連の人たちはすごくあたたかかったし，自分がカミングアウトしたら「自分もそうなんだ」って打ち明けてくれる子も多かったんですよね。だから下山田さんの時の私みたいな感じになれたと思いました。

また，自分自身も自分を解き放った割にいろんな意見があって，それが多様性なんだなっていうのに気付けたというか。悪い意見も一つの意見でもあるので，一言で「こうであるべきだ」みたいなことを言わなくなりました。だからカミングアウトをすることによって，私は自分のためにやったけど，伝える相手のことをすごくよく考えるようになりました。

高校時代に（同性との交際が）バレたことによって仲間外れにされ，親も巻き込まれたことがありました。そのことが新聞記事に掲載されると，その当時の連中，3 人から連絡が来ました。「事実と異なる」，「私たちも子どもがいるし，もしもそれを子どもたちが見た時にどう思うと思っている？」と。

それで中心人物に15年ぶりに連絡をしたんですよ。「3 人がそうやって言っているけど，あんたはどう思っている？」って言ったら「愛梨が傷ついたっていうことは事実なんだから，それに対してどう傷つけたかが違うだのなんだの言っているのもおかしいし，大丈夫だよ」って言ってくれたんですよ。「お前が15年前にやらなきゃこんなことになんねえんだよ」って思ったんですけど（笑）。「今でも後悔している」って言ってくれて。今の生き方を応援してくれるような存在に今はなりました。カミングアウトをしなかったら15年ぶりに連絡もしなかったと思います。

──マスメディアに公表することになった経緯について伺ってもいいですか。

最初は Twitter 上で「私は私なんだ」みたいな同性婚も一緒にタグ付けて，同性婚裁判をやっている方々のタグをつけてツイートしたっていうのがカミングアウトのやり方だったんですけど，それをプライドハウス東京で発信部にいた野口亜弥さんが見てくれて，「アスリート発信部から村上さんをサポートして，もしカミングアウトをしたいっていうことであればメディアのほうに繋ぎますよ」って言っていただいたの

で，チャンスだなと思ってお願いしました。

　（複数の）取材を1日で全部やったんですけど，カミングアウトがすごいことだ，カミングアウトすると，言い方は悪いけれど，「偉いんだ」みたいな感覚を，取材を受けながら感じました。自分はただ自己紹介をしただけなんですよね，村上愛梨として。でも，メディアの方々が書きたい物っていうのはカミングアウトは珍しいもので「こんなに傷ついてきたんだ」みたいな。まあ傷ついてはきたんですけど，もっと楽しいこともあって，いっぱい笑ってきたし，いっぱいふざけてきて明るく生きてきたんですけど，そこにスポットは当たらないんだなと，カミングアウトをしながら思いましたね。

　ある新聞社からの取材は，最初は誘導尋問のように感じてしまったんですけど，（先述の）3人とのことで問い合わせがきたので「じゃあそれも記事に書きましょう」と提案されました。「そんなことをしたら，また（3人から連絡が）来るよ」と思ったんですけど，（その記者が）守ってくれるような感覚をもったので承諾しました。最初は自分の大切な経験についての話なのに，すごい乱暴に扱われているような感覚もあったし，記者の方には私がただ自己紹介をしているだけに感じられたかもしれないけど，雑に扱われているように思う時もありましたね。自分は一般人だし，ただラグビーをやっている女性というだけなので。伝えるって難しいなと思いましたね。

——〈LGBTQアスリート〉の「代表」のようにメディアで扱われてしまうことについてどのように感じていますか。

　カミングアウトするっていうことは多分そういうことなんですよ。LGBTがどこまでも付いてくることになるっていうのは，それはカミングアウトをするっていうことの中に含まれていることだと思うので，それはわかるんですけど，でも自分を大切にした結果，カミングアウトに至ったというだけなんですよね，自分の場合は。多分，下山田さんもそうだと思うんですけど，やっぱり（〈LGBTQアスリート〉という呼称が）付いてきちゃうっていうのはメディアの操作もあるだろうし，しょうがないことなんだけど。

　（カミングアウトをした）目的は「私みたいに辛い思いをした子がいたら寄り添いたい」っていう，ただそれだけなので。今は自分で無料相談所を構えてそういった子たちのメンタルヘルスについてサポートをしたいっていう思いがあります。私はLGBTであることによって色んな経験をして心が辛かったことがあるから，そのことを生かしたいっていうのが大きな目的なので，それでメディアとかに出る時に〈LGBT〉が付いてくるのは「しょうがないっしょ」みたいな感じで受け取れるんですけど。でも，

そうは思えない人もやっぱりいっぱいいると思いますね。今までカミングアウトした人たちの中でも，トランスジェンダーの方もそうですけど。

▶ スポーツに関わる経験

——これまで，どのようなスポーツ種目をおこなってきたか，スポーツ経験について教えていただけますか。

　両親がバトントワリングの先生だったので，生まれてすぐにバトンを持っていて，受動的にバトンの生徒になり小学校4年生まで続けました。小学校4年生の時に野球に出会って，初恋の相手が男の子だったんですけどキャッチボールしたら楽しくて，同じチームに入りました。バスケットボールを始めたのは中学からだったんですけど，その理由は野球が続けられなかったんです。男の子と女の子で力が分かれちゃっていたので野球を辞めてバスケットに移行しました。中学校で3年間バスケをして，無名の選手なんですけど私立の高校に呼んでもらえてそのまま高校に入って3年間バスケをし，江戸川大学に呼ばれて4年間バスケをやりました。本当に毎日バスケしか考えていないような生活を4年間送って，たまたま練習試合を見ていただいた監督が秋田銀行に移籍するということで，私に「一緒に秋田に来ないか」って言っていただいて秋田に就職しました。

　銀行員として働いていた3年目のある時，お客様からチケットをいただいて，ラグビーを初めて観戦しに行ったんですよ。そしたら，興奮して鼻血が止まらなくなっちゃったんですよ。（笑）それで，「あ，もうラグビーをやるしかないな」と思ってバスケと銀行を辞めて東京に戻り，自分でチームを探してラグビーに転向してきたという感じですね。

　大学では（理由はわからないけど）「ラグビーかカヌーをやれば？」って言われたことがありました。ラグビーとバスケの（体への）あたりの違いがすごい大きくて，なんであんな簡単に「ラグビーやれば？」って言ったんだろう？っていまだにわからないんですけど，でもラグビーをやってよかったですね。自分らしくいられるのはラグビーのおかげなので。

——ラグビーに対して，どのような思いを持っているのか，教えていただけますか。

　最初は本当に目を瞑っちゃうぐらい人が向かってくるのが怖くて。ラグビーだと当たり前なんですけど，横の仲間たちが1人じゃないんだっていうふうに思わせてくれるっていうか。バスケも団体スポーツなんですが，結構，個々なんですよ。多分チー

ムにもよるんだけど自分のチームは，大学の時以外，結構個々な感覚を持つチームが多くて。そういうのもあってラグビーは本当に家族みたいな感覚があるんです。本当に鳥肌が立つんですよね，きっつい練習や試合をしている時に，みんなで叫びあって称えあって，怒りながら。喜怒哀楽がいろいろなんですけど，自分にはめちゃめちゃ合っているなと思いますね。

　現在，所属しているチームは，ジェンダーとか信じている宗教とか何もかも関係なく同じスポーツをやっているっていう，ただシンプルにそれだけなんですよね。みんなが窮屈に思っていないっていうのがすごくよくわかるチームというか，誰も委縮している子がいないみたいな。伸び伸びさせてくれるのが監督だし，その下の先輩たちも，誰も否定することもなくみんなを受け入れようとしてくれる。結構，喧嘩もあるんですけど，それでもちゃんと話し合ったりもできますし，いいチームです。

──バスケとラグビーの違いについて教えてください。

　ラグビーって本当にバラバラだとできないんですよ。バラバラだとボールを繋げられないし，前に進めないんですね。ただ1人だけがボールをキャリーしていても，後ろにサポーターがいなければすぐに相手ボールになっちゃう。バスケットってほおったらほおりっぱなしなんですよ。それが多分特徴だと思っていて，誰かがゴールをして，シュートして，誰かが取ってというように，別個って感じなんですけど，ラグビーは1人で成し遂げられるようなスポーツじゃないっていうのが，多分人との繋がりも濃くするんじゃないかなって思います。

　クラブチームなんで，高校生もいますし，1番上だと33歳なんですけど，本当に大学生もいっぱいいるし，（年代が）バラバラなんですよ。でも，（学校での）部活動だと他の人のことにめちゃめちゃ干渉してくるじゃないですか。（クラブチームだと）それが無いんですよね。練習したらもうみんなバラバラの場所に帰るし，また仕事をして勉強して，なんだったら部活動もやって，また個々のチームに戻ってくる。物事は紙一重だと思うんですけど，いい部分もあるし，一つになれずにバラバラになったりもしますけど，基本はクラブチームってそういうところがあるのかな。

▶〈レズビアン〉という言葉について

──〈レズビアン〉という言葉について，どのように感じていますか。

　なんかやっぱり違和感があるっていうか。別に違和感がなければ（自分のことを〈レズビアン〉と）言っていると思います。一度 YouTube に出たときに「レズビアン」っ

て書かれて，モヤッとしたんですよね。だから自分にとっては言い方が違ったみたいです。そのことを言ったらめっちゃ叩かれたんですけど，レズレズってすごい言われていたから差別用語としてこびりついていて仕方がないんですよ。本当にこびりついちゃっているから自分の口から言うのが怖くて，でも同性を好きなことは変わりないし，レズビアンの方々と同じことをやっているんだけど，言えないってことは，多分違うというか。

こうじゃなきゃダメっていうのは多分ないと思うので，同性を好きだからレズビアンって言わなきゃいけないっていうのはなんか違う感じがするんです，自分としては。けど，レズビアンの団体のようなところから，「私たちは誇りを持って生きているのに，それを恥じるんですか？」みたいなリアクションがきて「そんなのあんたらの解釈でしょう？」って思ったのでシカトしましたけど。

「メンズ」って言葉はサッカー界だけじゃなくて，バスケ界にもあって，学生のときまではそういう感じでしたけど，今は「メンズ」っていうよりは「村上愛梨」っていう感じです。メディア対応でもそこはめちゃめちゃ話し合って「同性のパートナーがいるラグビー選手」っていうふうにしましたね。

▶ これからの展望

——これからのことについて，やってみたいことなどがあれば，できる範囲で教えてください。

私自身のLGBTの経験の中で，メンタルヘルスがとても不健康のままずっと選手を続けてきて，力が発揮できないという場面がすごくあったんですよ。今のチームに入ったときに監督をはじめ，仲間もみんなが自分を本当に頭の先からつま先まで受け入れてくれたっていう，心の安全を確保できたという経験があって，そこから自分のプレイ，ラグビーが変わっていって，日本代表になれたんですね。だからそういった経験をもっているからこそ，今「誰も1人にしないプロジェクト」っていうのをやっているんです。現在，バスケットボールの子が仲間になってくれて活動しているんですけど，今後はそれをどんどん大きくして法人化して，もっといろんなスポーツ選手や学生たちを救っていきたいって思っています。

女子ラグビーに「選手会」を作るっていうのも目標にしていて，そこでメンタルヘルスのサポートをします。

「LGBTだからその先をこうして生きたい」っていうよりもまずはそこですね，自分は。あとは，今先頭を切って同性婚の裁判をしてくれている方々がいらっしゃいま

すので，その方々が戦う姿を一つでも多く傍聴して応援していきたいなって。法も変わっていったら私も結婚できますし，希望をもって待ちたいと思います。

（2021年12月6日，オンラインにて）

第 5 章

性の境界とスポーツ

トランスジェンダー／性分化疾患／"性別"概念の変容

はじめに

　男性中心かつ優位な男性ホモソーシャル領域であるスポーツにおいては，セクシュアリティの上では同性愛が，ジェンダーの上では女性が排除され，マイノリティ化されてきた。その一方，これまでの章で述べられているように，ゲイ男性の可視化は徐々にではあるが進展を始め，女性のスポーツ領域への参画に関しては男女別カテゴリーとして分離することで，機会の上でのジェンダー平等を進めてきたといえる。しかしながら，シスジェンダー男性の身体を基準とし，なおかつ優位となるスポーツの性別二元制原理を考えた時，そこに参入する上でもっとも高いハードルを課せられてきたのはトランスジェンダー（特にトランスジェンダー女性）や，既存の性別二元性の範囲に収まらない特徴（性分化疾患など）を持つ人びとだといえる。

　オリンピックに代表されるトップレベルの競技スポーツにおいては，早い時期から特に性分化疾患の女性選手が問題化される事例が存在した。性分化疾患（Differences/Disorders of Sex Development: DSD）とは身体の性が女性／男性に分化していく過程で，染色体や性腺，内／外性器などが多くの人とは異なる型をとる疾患群とされる[1]。なかでも高いテストステロン値など"男性的"と分類される要素を多く有する DSD 女性選手は，その特徴が女性カテゴリー競技において有利に働くとの理由から，さまざまな制限や中傷を被ってきた。また，男性から女性へと性を移行したトランスジェンダー女性（MTF）も，同じく男性と

1）　一般社団法人 日本内分泌学会「性分化疾患」（http://www.j-endo.jp/modules/patient/index.php?content_id=85）（2022年 7 月13日閲覧）

しての身体的資質を有するとして，女性としてのスポーツ参加には大きな困難
が課されている。

　本章では，こうした既存の性別二元制——すなわち近代のジェンダー制度
——と原理的に離齬を生じざるをえない身体の要素を持つ人びとがスポーツに
参加・実践する上での困難に加え，スポーツそれ自体が性をどのように捉えて
きたかを概観する。さらに，スポーツが重視する性の概念が，社会における価
値観との間に離齬をきたしつつある現状についても指摘する。なお，当然なが
らトランスジェンダーと性分化疾患は異なる概念ではあるが，近年，スポーツ
において性の境界をめぐって問題化される要素がテストステロン（男性ホルモン
のひとつ）に集約されつつあり，本論で議論するIAAF（国際陸連），国際オリン
ピック委員会（IOC）の規定においても両者に関する規定値が共通するもので
あることから，本章では同じ問題系として考察する[2]。また，性分化疾患とは
幅広い症状や身体の状態を含む総称であり，後述する高アンドロゲン症（テス
トステロンの値が生まれつき高い体質）などもこれに含まれるが，本章では基本的
に性分化疾患（DSD）という用語で統一し，なおかつ必要に応じて「高アンド
ロゲン症」女性など，より特定的な名称も用いる。

1　スポーツにおける「性別」とはなにか？

（1）セックスかジェンダーか

　性を表わす概念としては，身体の生物学的な側面（雌／雄）を示すセックス
と，社会的な性役割や"女／男らしさ"などとも説明されるジェンダーが用い
られる。近代のジェンダー体制にあっては，生物学的性（セックス）が雄であ
ればジェンダーは男性，なおかつセクシュアリティは異性愛であること——シ
スジェンダーかつヘテロノーマティヴ（異性愛規範的）——が標準であるとされ
てきた。しかし，実際にはセクシュアリティは多様であり，また出生時に割り

　2）　国際オリンピック委員会は2021年11月，トランスジェンダーに関する規定の見直し
　　を行った。詳細は本章末の「追記」を参照。

当てられたジェンダーを後に移行するトランスジェンダーの人びとも存在し，現在ではこのヘテロノーマティヴィティは，割合の上でマジョリティであるとはしても性と性指向の組み合わせの一つとして相対化されつつある。

第1章でスポーツの歴史を述べたとおり，現在の競技的スポーツはイギリスにおいて「近代」という時代とその価値観を相互に反映しながら成立してきたものであり，なおかつ性を身体と社会的役割とに分けて理解する「ジェンダー」という概念もまた，この時期以降，英語圏特有の概念として発達してきたものでもある。つまり，スポーツとジェンダーは，ともに近代という時代の価値観を共有しながら，極めて英語圏的な発想として発達してきたものといえる。この時期に，後の主流な（特にチーム）スポーツ実践の機会を持てたのはほぼエリート層男性に限られており，また，後の時代において階層は広がるにせよ依然として組織化されたスポーツ参加は男性で占められていた。

なおかつ，ヴィクトリア期以降ながらくスポーツが苦手であることは「男らしくない」とのレッテルを招き寄せ，パブリックスクールなどでもいわゆる文系のおとなしい学生や繊細な学生，またオスカー・ワイルドに代表されるようなデカダン，耽美主義といった優美さやフェミニンさがスポーツの仮想敵となったことからも，この時期のスポーツが前提としていた性とは当然ながらセックスとジェンダーがともに「雄／男性」で直列したシスジェンダーなものであった。また，この時期にはジェンダーを移行する／わたるということは現代に比して更に困難であったことから，トランスジェンダーあるいは性の境界を曖昧化する存在のスポーツ実践そのものが想定の範囲外であったといえる。しかしながら，時代が下るにつれてジェンダーを移行するということが医療的な側面も含めて徐々に現実の可能性を増してゆき，競技スポーツへの参加事例が現れるのは現代になってからである。

（2）何をもって性を判断するのか？
―― オリンピック/IAAF（国際陸連）における性別確認検査

1. 目視

オリンピックを中心とした競技大会で性が問題化される時期は比較的早く，1930年代からとされる。この時代には，まだ自らの意思でジェンダーを移行

したトランスジェンダー選手が競技に参加した記録はなく，議論の俎上に登ったのは現代でいえば性分化疾患が疑われる女性選手の事例であった。1936年のオリンピック・ベルリン大会女子100ｍ走でそれぞれ金，銀メダルを獲得したヘレン・スティーヴンスとステラ・ウォルシュは，共にその男性的な容貌から実は男性でないかと疑われ，さまざまな噂が流布された。そして一方のウォルシュが，スティーヴンスを男性の疑いがあると公然と非難したため，当時正式な規定を持たなかったオリンピック委員会もスティーヴンスの性別確認検査をおこなわざるをえなくなった。この検査は外見や外性器の確認といった粗雑なものであったが，結果的にスティーヴンスは女性であると確認された。しかし，その後の1980年にウォルシュは銀行強盗に巻き込まれて射殺されてしまい，検死の結果，皮肉にもウォルシュ自身が曖昧な外性器と非典型的な性染色体を持っていたことが明らかになったという。当時，まだ性分化疾患（以下，DSDと表記）という概念は確立されていなかったが，これがオリンピックに関連した初めてのDSD選手の事例とされている [Ritchie, Reynard and Lewis 2008]。

　その後の30数年，IOCは性別確認の規定を定めずにいたが，男性的な外貌を有する女性選手が現れるたびにメディアによる揶揄や報道が加熱し，特に東西冷戦期に入ってからは社会主義陣営が男性を女性と偽って競技に参加させているのではないか，という疑いを煽ったこともあり，1966年のヨーロッパ陸上選手権に際して国際陸連（以下，IAAFと表記）によりはじめて婦人科学的な形式の強制的な性別確認検査が導入された。この検査も外性器の目視を中心としたものであり，また女性選手が全裸で委員の前に並ばされるという，通称"ヌード・パレード"とも呼ばれた屈辱的なものであった。しかし，外性器の目視による性別判断では不十分なことが明らかになるにつれ，1968年のオリンピックメキシコ大会においてはじめて性染色体による性別確認検査が導入されることになる。

　また，この時期，オリンピックやIAAFに関連する事例ではないものの，日本においてもアスリートの性別変更をめぐる初期の事例が存在した。戦後の日本における性別越境／トランスジェンダーの歴史について豊富な事例をもとに研究した三橋は，以下二人の選手について言及，分析している。一人は日本陸上競技選手権で1952，53年に連続優勝を果たした堤妙子（男性名：清貴）選手の

事例であり，当時著名な選手として活躍したものの1954年のアジア大会出場に先立つ前年の性別検査で男性仮性半陰陽であると診断され，その後治療手術を受けて男性に転換したという。もう一名は女子陸上砲丸投げの有力選手であった三本木登志子選手であり，1957年に同じく男性仮性半陰陽であることが判明し「男だった女子砲丸投げ三本木選手に出場停止」（『週刊東京』1957年10月19日）などと報道され，女性としての選手活動を中止したという。

三橋はこれらの報道の分析を通じて，「性自認がかなり男性的で，男性への転換を喜んで受け入れスムーズに適応した」堤に関する好意的な内容（「男らしさ」が強調されている）と，「女性としての性自認をもっていたため男性への転換を受け入れられなかった」三本木が被った社会的な制約（性別を理由として退社を迫られたことなど）の対比を指摘している［三橋 2006：410-411］。こうした対比は，まさに次節以降で詳述する性別二元性というスポーツの限界の中で必然的に生じる「女性競技カテゴリー」と「男性的要素」の緊張関係——特にトランスジェンダー女性や DSD 女性選手の競技参加をめぐって今現在おこなわれている議論の問題系——を先取りした指摘とも言える。

２．性染色体

IAAF や IOC の定めた性染色体検査は，女性の染色体型である XX を基準としたものであり，男性の XY 型や Y 染色体が確認された場合は女性選手としての資格を失うというものであった。この基準ではじめて失格となったのは1964年オリンピック東京大会で金メダルも獲得したポーランドの短距離走者エワ・クロブコフスカ選手であった。彼女は XX／XXY モザイク型であったとされ，1967年，IAAF はクロブコフスカの女性としての競技資格を否定し，メダルを剥奪された上に激しい社会的非難を受けることとなった。しかしこの染色体検査は，性の境界を確定するというよりは，むしろその複雑さを明るみに出すことにもつながった。たとえば XY 染色体を持つにもかかわらず体内でつくられるアンドロゲン（男性ホルモン）を受容できないため，女性としての身体的特徴を備える完全アンドロゲン不応性症候群や，クロブコフスカ選手のようなモザイク型の場合，それまでの生活で自分自身を女性であると認識し，なおかつ法的にも社会的にも完全に女性の基準を満たしているといえる。あるいは XXY 染色体をもつクラインフェルター症候群の男性の場合，この基準では女

性カテゴリーで競技に参加できることになってしまうという［Ritchie, Reynard and Lewis 2008］。

　事実，クロブコフスカ選手はこの決定に抗議したにもかかわらず強制的に競技からの引退を迫られ，その後出産を経てスポーツとは別のキャリアを歩まざるを得なくなった。しかし後年，この検査手順が正確性を欠くものであったことから IOC は性別確認の方針を変更し，1999年には彼女にメダルを返却したという[3]。こうした経緯の後，より医学的な正確さを増す目的で遺伝子を採取する検査も導入されたが，いずれにせよこうした検査で，男性が自らの性を偽って女性として競技に参加しようとした事例は発見されず，むしろ多くの場合，自分でも認識していなかった DSD であることを突然突きつけられて困惑する女性選手を多数生み出すことにつながった。そもそもこの時点で DSD 女性がスポーツで有利になるという科学的根拠はないにもかかわらず，こうした特質を持つ女性を競技から排除し，単に男女の性の線引きをしようとすること自体が自己目的化してしまったこの基準に対してはさまざまな批判が沸き起こった。長年に渡る議論と反発を受け，IOC は1999年ついに性別確認検査を停止し，以降は必要に応じて個別に検査を要請するという方式にあらためることとなった。

　IOC や IAAF が性別確認に固執し続けることになった一つの事由は，いうまでもなく女性スポーツの発展にある。女性の参加が前提とされていなかったスポーツ領域において，徐々に参加の機会が認められ，なおかつオリンピックを頂点とする国際大会で活躍し，メダルを獲得することに大きな社会・文化的価値が認められるようになったこと。さらには冷戦という国際政治の環境が，女性選手のもたらす成果を国力やイデオロギーの反映として重視するようになったことで女性競技カテゴリーの価値が高まり，そのカテゴリー内での不正——男性が紛れ込む——というパラノイア的な発想を生み出した結果，女性の中から"男性的"な要素を発見し排除するという結果につながってしまったことは，まさに身体そのものを競い合いに供する近代スポーツという制約故の不幸であ

3）　Ewa Kłobukowska, Biographical information, Olympedia.org.（https://www.olympedia.org/athletes/74620）（2022年 7 月13日閲覧）

ろう。

② スポーツのセックス化？
──ジェンダーから身体の性へ

（1）性の"多様性"とオリンピック憲章改定

　2014年，冬季オリンピック・ソチ大会を前にロシアが成立させたホモフォビックな「同性愛宣伝禁止法」をめぐって，欧米を中心とした自由主義圏の国々からは，これを性的マイノリティに対する人権抑圧だとする非難の声が多く上がった。結果として，米，英，仏，独の首脳はソチ五輪の開会式をボイコットすることとなった。当初は日本も開会式を欠席する予定と伝えられていたが，この時期におこなわれていた北方領土をめぐる交渉との関係で最終的には出席することになったとされている。大会自体は無事に終了したが，IOCはこの問題に迅速に対応し，2014年12月にオリンピック憲章冒頭にある「オリンピズムの根本原則」内のあらゆる差別の禁止に関する項目（第6項）を改訂し，あらたに「性的指向」による差別の禁止を追記した。これは特に2000年代以降，欧米を中心とした民主主義圏で進展している性的マイノリティの権利保障という潮流に合わせた動きでもあり，オリンピック・ムーヴメントがスポーツにおけるセクシュアリティの多様性を重視すると表明したものとして好意的に評価された。

　しかしその一方，この改訂に際して同時に，従来から差別を禁止する項目として記載のあった「性別」を表わす言葉が「gender」から「sex」へと置き換えられることになった。日本語訳ではどちらも「性別」と訳されるため気づきにくいが，これは意図的な書き換えであることから，この時期 IOC はスポーツにおいて守られるべき性の概念をジェンダーからセックス（生物学的身体）へ変更したと理解することができる。それではなぜ，この時期になって過去長らく使用されてきたジェンダーの使用を止め，あらためて身体そのものへと比重を移してゆくことになったのか。そのきっかけとしては，IOC/IAAF と DSD アスリートの間に生じた軋轢が深く関係している。

（2）女性としての条件？①
―― セメンヤ，チャンド，性分化疾患（DSD）アスリート

1．テストステロン規定

　リオ・オリンピックの金メダリストとしても知られる南アフリカの陸上選手キャスター・セメンヤは，2009年世界陸上ベルリン大会女子800m走においてシーズン世界最高記録で優勝したが，その直後にIAAFは彼女に対する性別確認の必要性を表明した。その後，非公表であるはずの検査結果の噂が流れ，多くのメディアにおいて「セメンヤ選手は"両性具有"」であるとの報道がなされ，男性的な資質を有するセメンヤが女性として競技するのは不正だという意見が多々上がった。これはスポーツの枠を超えて世界的なニュースとなったが，セメンヤ本人と南アフリカ政府は性別の疑義を否定してIAAFに抗議し，その後数ヶ月に及ぶ協議の結果，詳細はあきらかにされていないものの双方が「画期的な合意」に達したとの声明があり，女性として陸上競技に復帰できることとなった。しかしこの検査の過程で，セメンヤがDSDのひとつである高アンドロゲン症（体内で女性の平均を大きく上回る値のテストステロンが生成される体質）であることが明らかとなり，本来検査の結果は個人のプライヴァシーであり機密にされるべき情報であることから，この手続き自体の問題点も指摘された。後にセメンヤは，実際にはこの合意に際してIAAFからテストステロン値を抑えるホルモン療法を要求されており，その結果身体に不調をきたしていたと述べている。

　2011年，IAAFはセメンヤのような高アンドロゲン症女性に対応するため，あらたに規定を制定した。この規定は，男性ホルモン（アンドロゲン）の一つであるテストステロンが筋肉の発達や強さに有利に働くとし，その結果，高アンドロゲン症女性は女性カテゴリーで競技すると不当に有利となって公平性を保てないため，参加にあたってはテストステロン値が男性平均の下限である10 nmol/L（ナノモル）以下であることを条件と定めた。通称「テストステロン規定」とも呼ばれるこの基準は，後にIOCの陸上競技にも採用されることとなる。しかし2014年9月，この規定で出場禁止となったインドの陸上選手デュティ・チャンドは，自らの身体がもともと高い値のテストステロンを生成していることは自然な状態であり不正ではないとして，出場資格を認めるよう

IAAF をスポーツ仲裁裁判所（以下，CAS と表記）に訴えた。

　翌年の2015年 7 月，CAS はこの規定が女性にとって差別的であり，なおか
つテストステロンなどが競技で有利に働くという IAAF の主張の根拠が不充分
だとして，規定の執行を 2 年間保留する裁定を下した。つまり IAAF と IOC
は，この 2 年の間に高アンドロゲン症女性が平均的女性よりもスポーツ競技で
有利になることを，より説得的な証拠を集めて立証しなければならなくなった。
ここで再び，先に述べたオリンピック憲章における性別表記が「ジェンダー」
から「セックス」へと書き換えられた時期が2014年12月であったことを思い
返せば，なぜこの時期にこうした変更をおこなう必要があったか，その理由は
明白であろう。IAAF と IOC があくまでテストステロン（男性ホルモン）値とい
う身体の要素に固執して“女性”選手の資格を定めようとするならば，それは
法的にも社会的にも女性として生を受け，生活してきたセメンヤやチャンドの
ような DSD 女性を女性競技から排除することに繋がり，それは結果として
IOC が自ら憲章に定めた「ジェンダーによる差別の禁止」というオリンピッ
クの根本理念に違反することになってしまう。こうした変更がおこなわれた
2014年のこの時期は，まさに訴訟を通じてスポーツにおいて重視される性が
ジェンダーであるのか，あるいはセックスであるのかが争われ，なおかつオリ

図 5 - 1 ：リオデジャネイロオリンピック（2016）女子800ｍで 1 位となった
キャスター・セメンヤ
写真提供：フォート・キシモト

ンピックを頂点とするエリート・スポーツにおいてそれは身体（セックス）で
あるという方向に比重を移してゆく分水嶺であったともいえ，IOCは自らが
生み出した矛盾を解消するために憲章の改訂をおこなったのだと考えられる
［Okada 2021］。

　その後，2016年のリオ五輪においてセメンヤは女子800mで金メダルを獲得
したが，これはチャンドの訴訟によってテストステロン規定が保留になってい
たため，ホルモン療法などを強制されることなく本来の状態で競技できたため
ともいわれている。しかし2018年4月，IAAFは更新されたデータをもとに再
び新たなテストステロン規定を定め，特定の競技種目において女性として出場
するにはテストステロン値が5nmol/L以下でなければならないと定めた。し
かし，この規定で挙げられた根拠となるデータは限定的であり，またテストス
テロンの多寡がパフォーマンスに影響するとのデータがない1500m走や1マ
イル走が規制に含められている一方，影響するとの研究があるハンマー投げと
棒高跳びは外されているなど，整合性のない部分もみられる［松下 2020：47］。

2．セメンヤの闘い

　この規定は800m走を中心とした規制などセメンヤを狙い撃ちしたものだと
考えられており，2018年6月，これを不服としてセメンヤおよび南アフリカ
陸連はCASに訴えを起こしたが，結果として2019年5月CASはセメンヤの主
張を退け，IAAFの規定を認めた。

　この際，陪審員からあげられた理由は「DSD規制は差別的（discriminatory）だ
が，提出された証拠にもとづけばこのような差別〔区別〕（discrimination）は，限
られた種目における女性競技の誠実さを維持するというIAAFの目的を達成す
る手段としては相応かつ妥当であり，必要なものである」というものだった[4]。
この裁定を受けて，IAAFは2019年にさらに細則を整えた規定を更新すること
になり，これが東京オリンピック2020年大会にも適用されることとなった。
この間，セメンヤは一貫して，自らの身体が自然に作り出すテストステロンは
ギフト（才能）であり，IAAFの要求する投薬や治療は自分の身体の健康を損な

---

[4]　Ingle, S. "Semenya loses landmark legal case against IAAF over testosterone levels", *The Guardian*, 1 May 2019.（https://www.theguardian.com/sport/2019/may/01/caster-semenya-loses-landmark-legal-case-iaaf-athletics）（2022年7月13日閲覧）

第5章　性の境界とスポーツ　95

うこと，および自分は女性として自由に走りたいだけであり，女性アスリートの権利のために闘う，と主張している。

　CAS の裁定後の 5 月，これを不服としたセメンヤ側は，認められている選択肢であったスイス連邦裁判所への控訴をおこない，テストステロン規定による排除は人権侵害であるとして争ったが，9 月，スイス連邦最高裁は公の秩序（public policy）に照らして IAAF の規定が不当とはいえないとして，再びセメンヤの訴えを退けることとなった。また，最高裁の下した内容は，「CAS の判決は "人間の尊厳を損なう" とまではいえない。嫌疑をかけられた女性アスリートはテストステロン値を下げる治療を拒否する自由を有し，この決定は，いかなる形においても，嫌疑をかけられた女性アスリートの女性としての性（female sex）に疑問を呈することを目的とはしていない」というものであった[5]。セメンヤは「この判決には大変失望しているが，世界陸連（WA＝国際陸連〔IAAF〕から2019年に名称変更）が私を薬漬けにすることも，私が私であることを止めさせようとすることも拒否する」と声明を出し，おそらく最後の法廷闘争の機会として2021年 2 月，欧州人権裁判所に本件を提訴した[6]。こうした一連の申立てを南アフリカ政府も支持しているが，これは現代社会において医療の発達した先進国では早い時期に DSD の診断がなされ，性別決定の留保など社会的な配慮が行き届きやすいため，結果としてこうした問題が開発途上国のアスリートに集中しやすいという状況から，DSD 選手をめぐる差別を経済的な南北問題でもあり，結果的に人種問題であると捉えているためでもある。

　国連人権委員会は，2020年 6 月のレポートにおいてセメンヤのケースに焦点を当て，WA に対してアスリートの権利に悪影響を及ぼす参加資格と規定を「再検討し，訂正し，取り消す」よう求めている[7]。この闘争は，いわばスポーツ競技において優先されるのはジェンダーかセックスかという問いを通じ

----

5)　Dunbar, G. and Imray, G. "Semenya loses at Swiss Supreme Court over Testosterone Rules", *AP NEWS*, 9 September 2020.（https://apnews.com/article/olympic-games-courts-south-africa-2020-tokyo-olympics-switzerland-bd69bc7ea983d9a1959813402d3d3472）（2022年 7 月13日閲覧）

6)　冨田英司，杉山翔一「チャンドケース，セメンヤケースの紹介と問題点」2021年11月14日，日本スポーツ法学会・日本スポーツとジェンダー学会第 1 回合同勉強会配布資料。

て，結果的に，女性競技というカテゴリー内におけるパフォーマンスの公平性と，必ずしも典型的でない体質を有するマイノリティ女性アスリートの権利のどちらを優先させるのか，という問題を浮かび上がらせることとなった。欧州人権裁判所での審議は現在も継続しており，セメンヤの闘いはいまだ続いているが，こうした対立軸は2019年以降，同じ条件で制約を受けるトランスジェンダー女性アスリートをも含んだ問題として顕在化している。

（3） 女性としての条件？② ── トランスジェンダー・アスリート

　2019年10月１日，WA は DSD 女性に加えてトランスジェンダー選手に対する参加規定を別途定め，現時点で最新のものとして発効した[8]。DSD とトランスジェンダーは異なる概念ではあるが，こと WA の規定において両者に課せられる条件，および女性競技のカテゴリーに参加するための資格基準はほぼ同一といえる[9]。つまり，トランスジェンダー女性の場合，女性カテゴリーで国際大会や公認競技会に出場する場合には「競技に先立つ少なくとも12ヶ月以前より継続的に血中テストステロン値が 5 nmol/L 以下であること」，「その後も女性カテゴリーでの競技資格を維持する間，血中テストステロン値を 5 nmol/L 以下に保つこと」などであり，なおかつ法的・外科的な性別変更は必要とされていない。2020年東京大会（2021年実施）では，この WA の規定が初めてオリンピック陸上競技に適用されることになったが，IOC 自体が定めるガイドラインにおけるテストステロン規定は10 nmol/ 以下と異なっており，これは規定変更の時期によってオリンピックに参加する予定の選手に不利益が生じないようにするための配慮であった。

　そして，オリンピック史上初となるトランスジェンダー女性として東京 2020大会に出場したニュージーランドのローレル・ハバード選手（重量挙げ）

7） Haynes, S. "Olympic Champion Caster Semenya is taking her Fight to Compete to the European Court of Human Rights", *TIME*, 25 Feb. 2021. （https://time.com/5942286/caster-semenya-women-sports-european-court-human-rights/）（2022年７月13日閲覧）

8） 2019年以前のトランスジェンダー選手を取り巻く状況，および規定に関しては第２章を参照。

9） 種目の限定及びホルモン投与などの治療を開始して以降，女性カテゴリーでの参加までに一定の期間（６ヶ月/12ヶ月）が設定されることなど。

は，その競技力の高さも含めて多くのメディアで話題となり，また議論も呼び起こした[10]。WA の規定を満たしているハバードの参加に問題はないはずではあるが，議論が紛糾した原因は，特に筋力が中心となる重量挙げという競技特性に加え，そもそも WA や IOC の認めるテストステロン規定が，トランスジェンダー女性とシスジェンダー女性選手との身体的な競技条件を均一化する上で本当に妥当なのかという疑問が解決されておらず，また納得を生んでいないことに求められよう。テストステロン値によるトランスジェンダー女性 / DSD 女性の参加基準については，たとえば長い蓄積によって得られる可能性のある骨密度や身体のボリュームといった条件が，競技 6 ～12ヶ月前からのテストステロン規定によって，果たしてシスジェンダー女性と同等になりうるのかという議論も根強い。その一方で，同じく医学的な見地から，単にテストステロンの多寡だけでスポーツで有利になる要素が生み出されるとは証明できないとの意見もある。

　また，東京大会では参加事例がなかったものの，同じトランスジェンダーであっても FTM（トランスジェンダー男性）選手の場合，男子カテゴリーへの出場にあたっては特別な基準は設けられていない。これは，出生時の性が女性であった場合，後にジェンダーを男性に移行したとしてもテストステロン値を含めて身体的に有利にはならない，という理解にもとづいている。しかしながら IOC/WA の規定の根拠は「同じ（性別による）カテゴリー内の競争の公平さを担保する」ことにあり，そうであれば同じ根拠で，平均すれば明らかにテストステロン値で不利になる FTM 選手の参加にあたっては，シスジェンダー男性平均の下限まではテストステロンの補充が認められてもおかしくはないはずである。また，その基準が"男性"身体の境界になるはずであるが，こうした基準は定められておらず，また議論にも上っていない（ただし，性別移行にともなう治療目的での男性ホルモン投与は認められている）。これらはエリート・スポーツにおける"公平さ"がどの要素に置かれるかが恣意的であることを示しており，ま

10）　"Laurel Hubbard: Weightlifter to be first transgender athlete to compete at an Olympics-Hubbard was among five weightlifters confirmed in New Zealand's team for Tokyo", *INDEPENDENT*, 5 July 2021.（https://www.independent.co.uk/sport/olympics/laurel-hubbard-olympics-2021-b1869610.html）（2022年7月13日閲覧）

たその公正さの矛盾を表しているともいえる。いずれにせよ，スポーツにおいて長く続いてきた性を別ける基準を定めようとする試みや規定は，逆に人間の身体を明確に性で二分することの困難さ，不可能性を明るみに出す結果となり続けてきたといえるだろう。

3　スポーツにおける身体の公平とは
── ギフト（才能）かチート（不正）か？

　スポーツ競技における競争の公平を担保する上で，性別カテゴリーがこれ程までに重要視され，取り締まられてきた一方で，実際には他の要素による平均化・標準化の試みはすでに実践されてきた。たとえばレスリングやボクシング，あるいは柔道などの競技においては，男女別のみならず体重によるクラス分けがなされており，これは当然ながらウェイトが高いほど有利になるため，それを均そうという試みである。また，パラリンピックが別の競技会として開催されるのは，障害を持つ身体が健常者と較べて不利になるため，同じ大会（たとえばオリンピック）で混成すると競技が成り立たないためである。同じくマスターズ競技会は，身体の若さが競技で有利に働くと考えるため，30歳以上を別大会として組織し，年齢によってカテゴリーを分けておこなわれている。サッカーなど一部の競技でおこなわれる年齢制限や，学齢別の学生スポーツなども，大きな意味でいえばこの考え方に含まれるだろう。こうした意味から言えば，スポーツはすでに性別以外の身体条件の違いに意味づけをした上で微分し，それにもとづいたカテゴリー編成をおこなっていることになる。

　一方，たとえばバスケットボールやバレーボールなどにおいては，競技特性上，高い身長が有利であることに異を唱える人はいないであろうが，これらの競技に身長別カテゴリーは導入されていない。実のところ，幻に終わった1940年のオリンピック東京大会にあたっては，バスケットボールに身長制が導入される方向で議論が進んでいたという［水谷 2011］。ヨーロッパ系の人びとに較べて東アジア系が身長で不利になりやすいことを理由に，主催国の日本が二段階の身長制ルールを求めて交渉を進めていたが，戦況にともなう大会返上でこの案が実現することはなかった。しかし，体重別があるならば身長制が存

在しても不思議ではなく，身体のどのような条件を平均し，公平性を保つかの線引きはかなり恣意的なものだといえる。実際のところ，プロやトップレベルのバスケットボールで活躍する選手の多くは平均身長を遥かに逸脱しており，ある意味では特別な資質——ホルモンの条件に由来する末端肥大症の場合すらある——の持ち主ともいえるが，それらは高アンドロゲン症女性のテストステロン値のようなチート（不正）とはみなされず，ギフト（才能）として評価されてきた。また，遺伝的な特異体質で血中のヘモグロビン濃度が高く，持久力が有利に働くクロスカントリー競技で3大会連続の金メダルを獲得した選手の例などもあり，サイエンティフィック・アメリカン誌の編集者は「エリート・アスリートは，その定義からいえば生理学的な異常値（外れ値）だ」とも指摘している [Karkazis, Jordan-Young, Davis, and Camporesi 2012]。

　こうした考えに立てば，たとえば（もしWA/IOCが主張するようにその多寡が競技力に比例するのであれば）テストステロン値別にクラス編成することも可能なはずである。法学者のM. スーダイは，こうした可能性を敷衍して，たとえばパラリンピック競技で身体の能力が細かく区分・査定され，公平な競い合いになるよう平準化の試みがなされているように，スポーツ競技の編成自体を（ジェンダーの区分も超えて）身体特性ごとに「やり直す（start over）」という選択肢を示唆している [Sudai 2017]。結局のところ，スポーツはシスジェンダー男性の身体を標準としながらも，性別差にとどまらず，身長・体重，医学的にいえば特異体質に分類される条件，あるいは人種差に至るまで，もともとさまざまな差異を内包したまま発達してきた。そして，その差異の多くはときに先天的（身体的）なものであり，仮に後から覆すことが不可能なものであっても，"不公平"だとして問題視されるよりは"才能"として受け入れられてきた。しかし，現在DSD/トランスジェンダー女性アスリートが直面させられているカテゴリー上の問題は，テストステロン値もこうした身体条件の差異の一つであるにもかかわらず，いかにスポーツが「性」の境界を集中的に取り締まろうとしているか，あるいはその成り立ち上取り締まらざるをえないかを通じて，近代スポーツの持つ男女不平等という解決不可能な原理を逆照射しているといえよう。

　また，クィア論の登場以降，セックスとジェンダーの関係性をめぐる概念はひとつの転回を経験している。ミシェル・フーコーの性に関する議論を敷衍し

てジュディス・バトラーが提出した理論は，生物学的で中立なものとされる「セックス」自体が，実際にはすでにジェンダー化された概念であることを指摘した。この「セックスは常に（すでに）ジェンダーである」というテーゼが象徴的に表れている事例こそが，現在のトランス女性アスリートをめぐる問題であるともいえるだろう。そもそも，「テストステロン」という身体の内分泌物を"男性"ホルモン（男性的要素）として規定するという生物学的知見自体が，中立的であるはずの身体の一特質をジェンダーから説明しようとする試みでもあり，いわば「ジェンダー」から逆引きされた概念ということもできる。テストステロンの多寡は筋量／力に深く影響しスポーツで有利になりやすい，そして近代スポーツで有利になる要素は男性の特質であるのだから，これに寄与する身体の要素を「男性（的）」ホルモンと呼ぶことにして規制する，というこのロジックは，まさにジェンダー化された思考を「セックス」に当てはめたものでもある。こうした発想からすれば，テストステロン値の高さという本人たちも検査されるまで認識し得ないような生物学的特徴によって，競技における"女性"ジェンダー・カテゴリーへの参加を制限されたり，あるいはそこから排除されることの妥当性については，大きな疑問が呈されることになる。

4　社会の性規範から遊離するスポーツ

（1）ゆらぐ性の境界 —— 社会規範のジェンダー志向化

　エリート・スポーツの重視する性別が生物学的性へと比重を移してゆく一方，民主主義／自由主義社会の国々の流れは逆にジェンダー志向へと推移しつつある。特に2000年代半ば以降，ドイツやオランダ，イギリスなどのヨーロッパ諸国では性別変更に際して性別適合手術などを課さずに法的な性別変更が可能となっており，その数はEUで25ヶ国に及んでいる。また，一部の国々ではいわゆる「外観要件」（外観を移行するジェンダーに合わせる）も撤廃されており，こうした潮流は，ジェンダー（社会的性役割）というものを必ずしも出生時の身体に紐付けない，あるいはある程度独立した社会的カテゴリーとして取り扱ってゆくことを示しており，エリート・スポーツにおける性の境界とは離反しつつ

あるといえる[11]。なおかつ，セメンヤ選手の闘った一連の裁判における判決は，こうしたスポーツによるセックスに基盤をおいた基準を「ジェンダー差別的」であると認めており，それでも競技特性上の限られたカテゴリー内における公平性を保つ上では，身体的特性（セックス）による区分の優先を容認するものであると理解できる。これは，スポーツにおける性別の定義がすでに，法的に認められたジェンダーの尊重や平等という社会の価値観と乖離をきたしていることを示している。事実，IAAFはセメンヤとの裁判に際して「スポーツは，公平性を保つために生物学がジェンダー・アイデンティティより優先される数少ない社会領域のひとつだ[12]」と述べており，現在生じているこの価値観の乖離について，本来説明責任を負うのはスポーツ管理組織の側であり，さらにいえば，問われるべきは男性優位かつ性別二元性を維持してきた近代スポーツそれ自体であるはずである。

　極論すれば，IOCやWAは単なるスポーツ競技の統括組織であるはずだが，ジェンダーに関していえば，そこで定められたある意味プライヴェートなルールが，多くの国で保障されてきた公的な権利や法を超えた価値判断をおこなっていることにもなる。なおかつ，それを容認する「スポーツという限られた領

---

11) この点，日本においては，いまだジェンダーの移行には身体や社会的条件に関する強い制約が課されており，こうした潮流とは開きがある。たとえば，2003年に成立した性同一性障害者特例法（GID特例法）には，次の5要件①二十歳以上であること。②現に婚姻をしていないこと。③現に未成年の子がいないこと。④生殖腺がないこと又は生殖腺の機能を永続的に欠く状態にあること。⑤その身体について他の性別に係る身体の性器に係る部分に近似する外観を備えていること，が定められている。これらのうち，特に②は，結果的に同性婚の状態になることを避けるための条件であり，④，⑤は将来的な親子関係の乖離（父親から子どもが生まれる…など）や，結婚・社会生活における異性愛秩序を維持するための要件と理解できる。また，④のような性別適合手術やホルモン治療などを強制する法律に関しては，人権侵害的で世界的な潮流とも離反しているとの批判も高まっている。日本においてはそもそも法的な前提としての同性婚も法制化されておらず，また異性愛主義にもとづく家族単位で国民を管理するという戸籍制度の維持などの条件によってジェンダーに対する価値観が異なっており，当然ながらスポーツにおけるジェンダーの取り扱いについても英米やヨーロッパ圏とは相違が見られる。（特に日本の女性スポーツ界における"メンズ"の存在などはこの一例ともいえるかもしれない。詳しくは第7章を参照。）

12) Ingle, S. "Caster Semenya accuses IAAF of using her as a 'guinea pig experiment'", *The Guardian*, 19 June 2019

域における女性競技の公平さを維持する」という根拠は，実際には現代におけるスポーツが“限られた”領域どころではなく，教育や政策を通じて半ば強制力のあるものとして社会の隅々にまで影響力を及ぼし，なおかつその能力や成果に対する評価の肥大とともに，社会的威信や経済的成功とも結びつくという一つの権威となっている現実をあまりに軽視したものといえはしないだろうか。たとえば，日本における大相撲は実際の競技参加のみならず，さまざまなしきたりや規則を通じてその領域への女性の参入を阻み続けている。これは現代の価値観からすれば好ましいとはいえないが，大相撲という文化の社会的広がりが限られており，なおかつ一つの伝統文化，技芸／芸能と捉えれば，そこには半ば私的で限られた領域における独自の価値観という理屈も成り立つかもしれない。しかしながら，現在のスポーツの持つ影響力の範囲を考えたとき，もはやこうした排除の理屈を正当化することは困難である。

（2）近代スポーツの解体か，維持か

シスジェンダー男性の身体を基準とした性別二元性にもとづく近代スポーツの限界を踏まえれば，こうした性の境界をめぐる問題は原理的には解決不可能といえる。言い換えれば，近代の価値観である「身体（セックス）重視」かつ「男性優位（ジェンダー不平等）」を温存したまま男女カテゴリーを別けることで機会の平等を模索してきたスポーツが，近代以降，現在までの「男女平等」かつ「ジェンダー重視」という価値観に適応するには，そもそもの中心にある近代スポーツの基準自体を変更せざるをえない。多木浩二は端的に，女性の参加やジェンダー的平等を達成する上でスポーツは「社会文化として欠陥がある」［多木 1995：106］と指摘する。そしてオルタナティヴな身体文化としてダンスの可能性に言及しているが，実際にこうした選択肢は現実のものとなりつつある。IOC は近年，ジェンダー差の少ない競技の可能性を模索しており，スケートボードなどのエクストリーム・スポーツや武道の型種目の採用，また参考競技として含められた e スポーツなどは，こうした試みの一部といえる。また日本でも，中学校保健体育の学習指導要領において従来のスポーツ種目に加えてダンスが必修化されたことは，体育において男女差の出ない教材を模索した結果でもある。

一方，パラリンピックにおいてすでに実施されているような，身体の能力を
より細かく分けた上でポイント性によって再構成し，競技力の公平さを担保す
るという方法も考えられる。実際のところ，車いすラグビー競技では障害の程
度を点数化し，その総点数の枠内で男女混合のチーム編成が認められており，
既にジェンダーのカテゴリーを相対化した競技が実現している。また，たとえ
ば従来の重量制とおなじく，テストステロン値ごとのカテゴリーを設けること
で競技力を揃えれば，トランスジェンダー／DSD 女性選手が直面する問題を
解消できる可能性もある。これらはいずれも，これまで近代スポーツが依拠し
てきた基準を変更し，その枠組みを拡大──あるいは解体してゆく試みともい
え，これまで考察してきた性の問題を乗り越える機会にもなり得る。前述した
ように法学研究者の M. スーダイは，こうした可能性を「A.（セックスではなく）
ジェンダー・アイデンティティにもとづいた男女カテゴリー」「B. 男女のカテ
ゴリー分けを無視した，より適切な生物学的指標によるカテゴリー」「C.（ス
ポーツにおけるカテゴリー分け自体の）やり直し」の 3 つに区分している［Sudai
2017：190-192］。A においては，未だ科学的根拠が明確になっているわけではな
いにせよ場合によってはトランス／DSD 女性選手が有利になる可能性があり，
B はテストステロン値などによるカテゴリー分けをおこなうことで公平性は担
保されるものの，上位クラスはおそらくシスジェンダー男性選手ばかりで占め
られることになる。C はパラリンピックと同様，身体の条件をより細かく査定
した上で，競技力が平準化するようにカテゴリー化するという案であり，これ
は個々人の身体能力で競い合うという近代スポーツの枠組みの範囲内でもっと
もラディカルな組み換えといえるだろう。

　しかしこれらはあくまで可能性としての示唆であり，従来のスポーツが世界
でこれほどまでに受容され，またそれを通じて多くの人びとが自己実現を図っ
てきたことを考えれば，すぐに現実のものとなるとは考えにくい。その場合，
もっとも現実的なシナリオとしては，今現在の近代スポーツの枠組みを，その
限界を理解した上で使い続けるということになろう。ただし，これは現状維持
という意味ではなく，アスリートに限らずスポーツを楽しみ，携わるすべての
人びとがこの限界──特に性の境界をめぐる差別の温存──たとえば仮に性的
マイノリティ内部にあってもゲイ男性優位，レズビアン女性劣位というジェン

ダー秩序が再生産されてしまうことや，トランスジェンダー／DSD 女性と競技の乖離が解消されない原因がスポーツ自体にあることを，理解しておくということが前提となる。なおかつ，なんらかの排除を前提としなければ成り立たないスポーツを，その限界とともに使い続けるならば，その肥大化した影響力をある程度相対化し，切り下げてゆくことも同時に必要とされることになるだろう。

追記：

　本稿の校正段階にあった2021年11月，IOC は延期されていたトランスジェンダー規定の見直しをおこない，新たに修正されたフレームワークを発表した[13]。この「身体（セックス）の多様性とジェンダー・アイデンティティにもとづく差別のない公平性・インクルージョンについての IOC フレームワーク」と題された基準では，さまざまな性（身体）の状態やジェンダー・アイデンティティを理由とした（高い競技レベルでの）スポーツ競技における差別的な参加制限や取り扱いを否定し，可能な限りの受容（インクルージョン）を原則として定めており，競技組織側が一方的に適格基準を押し付けることを制限した点は好意的に評価されている。しかし，一方では競技の公平さを根拠として，一定の条件のもとで各競技組織・団体に適格基準の設定や制限を設ける裁量が認められているとも解釈できる。現時点までに限れば，IOC は自らに関してはジェンダーによる差別を規定上回避したが，実際の問題は各競技団体に丸投げしたともいえ，今後こうした理念が実際の競技における（トランス）ジェンダー差別に対して，どれだけの実行性を発揮するか，引き続き注視する必要がある。

引用・参考文献

井谷聡子［2020］「男女の境界とスポーツ——規範・監視・消滅をめぐるボディ・ポリティクス」『思想』（1152），岩波書店，156-175。

岡田桂［2019］「男女平等なスポーツは実現可能か？——男性文化としてのスポーツとジェンダー」田島良輝，神野賢治編著『スポーツの「あたりまえ」を疑え！——スポーツへの多面的アプローチ』晃洋書房。

....

[13]　「IOC Framework on Fairness, Inclusion and Non-discrimination on the basis of gender identity and sex variations」（https://stillmed. olympics. com/media/Documents/News/2021/11/IOC-Framework-Fairness-Inclusion-Non-discrimination-2021.pdf#_ga=2.68608274.24248415.1637151929-1237084135.1637151929）（2022年 7 月13日閲覧）

──────［2020］「"男らしさ"とスポーツの相関──ゆらぐ男性性/ジェンダー/セクシュアリティと身体の文化」『体育の科学』70巻1号，杏林書院，53-58。

──────［2022］「トランスジェンダー・アスリートとスポーツの臨界──身体の多様性と公平性のどこに境界線を引くか」『体育の科学』72巻8号，杏林書院。

多木浩二［1995］『スポーツを考える──身体・資本・ナショナリズム』筑摩書房。

松下千雅子［2020］「スポーツにおける公平性と多様な性──IAAFによるDSD規定に関して」『関西大学人権問題研究室紀要』80巻，41-52

水谷豊［2011］『バスケットボール物語──誕生と発展の系譜』大修館書店。

三橋順子［2006］「1950年代──「性転換」概念の現実化」矢島正見編著『戦後日本女装・同性愛研究』，中央大学出版部。

來田享子［2010］「スポーツと「性別」の境界──オリンピックにおける性カテゴリーの扱い」『スポーツ社会学研究』18巻2号，日本スポーツ社会学会，23-38。

Karkazis, K., Jordan-Young, R., Davis, G. and Camporesi, S. ［2012］"Out of Bounds? A Critique of the New Policies on Hyperandrogenism in Elite Female Athletes," *The American Journal of Bioethics*, 12(7): 3-16.

Okada, K. ［2021］"The Olympics and Sexual Politics: Changes in Sexual Minorities Policies and Homo-Nationalism in the Lead-Up to Tokyo 2020," In et. al Niehaus, A. and Yabu, K., *Challenging Olympic Narratives: Japan, the Olympic Games and Tokyo 2020*, Ergon-Verlag.

Ritchie, R., Reynard, J. and Lewis, T. ［2008］"Intersex and the Olympic Games," *Journal of the Royal Society of Medicine*, Volume: 101 issue 8, 395-399.

Sudai, M. ［2017］"The Testosterone Rule─Constructing Fairness in Professional Sport," *Journal of Law and the Biosciences*, Volume 4, Issue 1, 181-193.

スポーツ界から
変えていくことで，
日本社会全体を
マイノリティ視点で
アップデートしていきたい

聞き手：岡田 桂

杉山 文野（すぎやま ふみの）

1981年東京都生まれ。フェンシング元
女子日本代表。トランスジェンダー当
事者として，日本最大の LGBTQ プラ
イドパレードを運営する東京レイン
ボープライドの共同代表理事を務め，
渋谷区・同性パートナーシップ制度制
定にも関わる。2021年6月に日本フェ
ンシング協会理事，日本オリンピック
委員会（JOC）理事に就任。

▶ 自身のジェンダー・アイデンティティについて

——ご自身が，性同一性障害（GID）あるいはトランスジェンダーであると認識した
経緯についてお話いただけますか。

　幼稚園の入園式のときには，親にスカートをはかされて，「嫌だ，嫌だ」って泣い
て逃げていたので，いつからそうなのかと言われれば，生まれたときからとしか言い
ようがないのかなと。ただ幼心に，そういったことは人に言ってはいけないことなん
だろうなと思って，誰にも言えずに幼少期を過ごして。高校の途中ぐらいから少しず
つ自分のセクシュアリティをオープンにし始めたんですが，LGBTQ であるというこ

とをオープンにしながら暮らしている大人，いわゆるロールモデルがいないので，自分がどういうふうに大人になっていいのか全然分かりませんでした。

一番しんどかったのは，中学生から高校生にかけてですね。いわゆる第2次性徴っていうのが始まって，身体は順調に女性として成長していく一方で，気持ちの上では，男性としての自我が強くなっていく。引き裂かれる，そんな簡単な言葉では済まされないような心理状況で，自分だけが頭がおかしいんじゃないかと。こんな状態にあるのは，この世に自分1人しかいないんじゃないかと。そういった根拠のない罪悪感で自分を責め続けていました。女性として歳を重ねていく未来ってまったく想像がつかなかったですし，かといって，男性として暮らしていくっていう選択肢があることも知らなかったので，なんか自分は大人になれないんじゃないかなと。大人になる前には死んじゃうんじゃないか，どうせ死ぬなら早く死にたいなと。そんな学生時代でした。

——性同一性障害（GID）という概念に触れたのは？

中学2年のときに，埼玉医大で性同一性障害の性別適合手術をするというようなニュースを目にして，「これだ！」というふうに思いました。その当時，性同一性障害に『障害』と名前が付くことで嫌がる当事者は多かったのですが，僕自身は，障害だろうが何だろうが，そういう人って僕だけじゃないんだと，他にもいたんだと。障害なら仕方がないかなみたいな，そういう意味では，初めて自分を受け入れられるきっかけになったのが，その埼玉医大のニュースだったんです。

——ご自身が性同一性障害というカテゴリーを知って，当事者として認識していく一方，近年では世界的に性同一性障害という概念自体が，医療的なものから外れていく流れになりました。代わって『トランスジェンダー』という概念や言葉が一般化していく中で，ご自身は自らのアイデンティティをどう捉えていますか。

世の中の理解が進むことと比例して，僕の頭も理解していったというか，当事者であるということが，即その事柄についてすごく理解があるということとイコールではないじゃないですか。長いこと，「僕は性同一性障害です」って言ってたんですが，当時そこには，あんまり自分の中では違和感がなくて。というのは，やっぱり自分のこの苦しみをクリアするためには，ある程度，医療的な技術が必要になってくる。個人差はありますけど，僕としては，手術したいという思いがあったので，そういう意味では，障害っていわれても仕方がないかなって思っていました。ただそこから，また『性同一性障害』だけでなく『トランスジェンダー』という言葉を知って，その言

葉の関係性や歴史的な背景とか，いろんなことを学んでいくうちに，これは個人の障害というよりも，社会の障害が大きいんだなと。今では『トランスジェンダー』というほうが，しっくりきています。自分の中でもいろんな段階があって，自分で学びながら少しずつ感覚が変わっていったという感じです。正直，今となっては，もうどっちでもいいっていうか，言葉は一つの言葉で，僕自身は，周りにどういわれようと，自分が自分であることに変わりはないなと感じています。

　何をもって「男性」というのかという問題はありますが，僕個人的には昔も今も男性であるという自認が強いので，そこに対するゆらぎはほぼないですね。

▶ カミングアウトについて

——2006年に『ダブルハッピネス¹⁾』という書籍を出版してカムアウトされました。とても勇気のいることだったと思いますが，出版という形で，外に向かって大きくご自身のアイデンティをオープンにすることに迷いはなかったでしょうか。

　そもそもカミングアウトすることが勇気のいることだということすら知りませんでした。ちょうど（フェンシングの）日本代表からも落ちて，長く付き合っていたパートナーとも別れて，大学院の卒業後もどうしていいか分からないもんもんとしていた時期に，たまたま道端で乙武洋匡さんに出会ったのがきっかけで何も分からないまま本を出版しました。その当時，僕が性別適合手術を考えても，周囲は「なんでそこまでして男になりたいの？」という反応。いや，変わりたいんじゃなくて元に戻りたいっていう感覚なんだけど……。この感情を理解してくれる人がいなかった。そんなときに，乙武さんにとっては，手足があるっていう状態が人としてあるべき姿ならば，彼は手足を取り戻したいと思ったことあるのかなと。そんなふとした疑問を道行く彼にぶつけて。いきなり手術なんて，そんな失礼な質問はなかなかないと思うので，最初は，なんだこいつ⁉ って感じだったんですけど，失礼は重々承知の上で，僕はこうだと思うんですけどと話したところ，あれやこれや立ち話で盛り上がって，なるほどねと。道端で1時間くらい立ち話で盛り上がりました。

　そのときに，乙武さんのほうから，「文野，本書くのとか興味ある？」と。「そういうのをまだ公に言える人いないから，本でも書いたらいいと思うんだけど」って言われて，僕は，そのとき，あんまりピンとこなかったんですけど，エネルギーと時間だけがあり余るただの暇な学生だったので，「できることがあったらやってみたいです」

1）『ダブルハッピネス』2006年，講談社

みたいな感じで執筆することになりました。出版後は自分が思っていた以上の反響で，日々の環境が目まぐるしく変わっていって……なんとかそれに飲み込まれないように必死でもがいていたら今に至ったと言う感じです。今でこそ社会活動家とかいわれますけど，もともとは社会的な役割を果たそうと思ったこともないですし，社会を変えてやろうと思って立ち上がったわけでもなかったんです。目の前にあることに対して自分のできることをできる限りやり続けた結果というか。自分にできることがあるならやってみますみたいな感じでスタートしたら，思いの外，反響があって，逆にその反響を得てから，社会的に自分がどういう立場であるのかというのを少しずつ知っていったという感じです。

▶ 社会的活動

——2014年からレインボープライドの代表も務めておられます。社会的な活動に携わるようになった経緯は。

　2013年に東京レインボーウィークっていうイベント，いわゆる今のプライドウィークの前身ですけど，その代表になりました。パレードを運営する東京レインボープライドの代表が山縣（真矢）さんで，フェスティバルウィークの運営をするレインボーウィークの代表を僕がやってたんですよね。2013，2014と一緒にやって，2015年にふたつの団体を統合する形で法人化するときに，共同代表になりました。

——もともと社会活動にそれほど意識的でなかったところから，公の活動や役割を担われるようになっていくのは，この辺りからということでしょうか。

　そうですね。そのレインボーウィークに関わり始めて，特に2015年の渋谷区の条例（いわゆる同性パートナーシップ条例 2)）に関わったというのは，やっぱり大きかったかな。でも，それも別に条例を作ろうと思ったんじゃなくて，たまたまごみ拾いのボランティア活動で仲良くなったのが当時渋谷区議会議員の一期目だった長谷部さん（現渋谷区長・長谷部健氏）だったんです。僕が，いつもLGBTQの仲間をごみ拾いに連れていってたのがきっかけで，LGBTQの存在を身近に感じた長谷部さんが「マイノリティってだけでそんなに困ってることがあるんだったら渋谷区でも何かで

---

2)　2015年11月5日に渋谷区が全国に先駆けて開始した「渋谷区パートナーシップ証明」。「渋谷区男女平等及び多様性を尊重する社会を推進する条例」にもとづき，ジェンダーやセクシュアリティにかかわらず多様な性の共同参画社会を目指す目的で制定された。

きないかな？」となって。僕もその頃は「何かできたらいいですねー」くらいで具体的なイメージはありませんでした。その後いつも通り長谷部さんと一緒に掃除の活動しているときに「なぁ，フミノ。渋谷区で同性パートナーに証明書出すっていうのはどうかな？ たかだか紙切れ一枚って思ってたけど婚姻届出したときすごく幸福感があったんだよね。そういった幸福感を共有するだけでも街の空気って変わっていくんじゃないかな？」と。じゃあできることからやってみましょうということで小さな勉強会を始めてみたり，いろんな人に会っていく中で議会提案につながって，最終的にはあの条例がつくられることになりました。

ちょうどこれと同じタイミングでたまたま長谷部さんが区長になって，たまたま僕がパレードの代表になって，たまたま区長選の当日がパレードの当日だったというところから，何か政治的なつながりを邪推されたりもしましたけど，こっちからすると，そんなこと考えたこともないっていうか。むしろ，長谷部さんには茶化されたりしながらよく一緒に飲んだりとかいう間柄だったので，僕にとっては兄貴分というか，政治家でもこんな気さくなお兄ちゃんいるんだなぐらいで，たまたまそういう流れになったという，そんな感じでしたね。

▶ スポーツに関わる経験

──自身のスポーツ経験について。まずはフェンシングという競技に取り組むようになった経緯と，実際に競技をしていく中でぶつかった難しい部分，また充実した部分についてお聞かせください。

身体を動かすことは好きだったので，スポーツで最初に始めたのが水泳で，2歳とかかな。だけど，女性用の水着が本当に嫌で，第2次性徴，特に生理とかが来て，「もう嫌だ」ってやめちゃったんですよね。おじいちゃんが剣道をやってたから，「剣道をやれ」と言われて始めたんですがそのクラブチームが男の子は黒胴黒袴なのに，女の子だけ赤胴白袴で，それが嫌でやめちゃいました。他にもうちの姉がバレエをやってたんで一緒に連れていかれたんですけど，「いや，ピンクのレオタードは勘弁してくれよ」ってやめちゃって，バレーボールもブルマが嫌だし，テニスもスカート嫌だしとか。そんな時に出会ったフェンシングは，男女でユニフォームの差がなかったんです。

当時はまだフェンシングの競技人口が今よりもっともっと少ない時代。東京フェンシングスクールというそこのクラブチームは，全国でもトップクラスに強いクラブチームだったんですよね。始める前にフェンシングを勧めてくれた僕の友達のお母さ

んから「競技人口が少ないから，すぐ世界が見えるわよ」みたいなことを言われて，始めてみたら本当に2，3年でジュニアの代表になったりとかして，そういうのも含めてすごく楽しくて。女子校だったから同世代の男友達もほとんどいなかったから，それも面白そうだなと。

　当時大変だったことのひとつに一人称の問題がありました。女性的な「私」という一人称を使えなかった（使いたくなかった）のが，スポーツをやってると「自分何とかっす！」みたいな感じで，体育会だからこうなんですと受け入れられるというか。ボーイッシュな女の子っていうポジションで，なんかいろいろ煩わしいことも，それこそ，「じゃあ，合コン行こうよ」みたいなことも，「フェンシングで忙しいからいい」とか。フェンシングに打ち込むことで，そういう煩わしいことから逃れられてたという良さがありました。

　一方でジェンダーっていうことで言うと，女子校ってよくも悪くも女子しかいないので，重たい荷物だろうが，学級委員長だろうが，みんな女子で分担する。そういう意味では，女子校の学生生活では，男女で分けられていない良さがありました。でも，フェンシングに行ったら，やっぱりスポーツだし，特に男女の区分けが強い。練習はみんなで一緒にやったりとかはしてたんですけど，でも，やっぱり合宿とか行くと，「女子がこれ，やっとけよ」とか「これ，女子は駄目だ」とか，そういうのもたくさんあって，何だかなーという疑問もあったり。

　あとは，第2次性徴で身体の変化が出てきた頃，急に同世代の男子に勝てなくなって。これまでは当たり前のようにテクニックだけで打ち負かせてた男子の後輩なんかも，筋力とかスピードがぐっとアップして，いきなり男子に負けるようになって。悔しいというかやるせないというか。自分はどんなにウエイト・トレーニングしても，筋肉がなかなか付かないけど，男子はやればやるだけ筋肉が付いていくみたいな身体の変化とか。あとは，ホモフォビアな会話とかもしんどかったです。練習中体力のない男子に「お前はオカマか！」みたいな言葉も当たり前に飛び交っていたし。非常にホモソーシャルな世界なので，いわゆる女の子とか下ネタの話をしたりとか，それこそ風俗に一緒に行ったりするみたいなことがチームビルディングの一つみたいな，そういうカルチャーの中で，やっぱりどこか自分の居場所はないなと。

　いい部分も悪い部分も両方あったという感じでしたね。

――男性中心的なスポーツ領域では，多くの場合，いわゆるフェミニンな男の子がいじめられたり疎外されやすいということがあります。"おかま"とか，男らしくないというような，ジェンダーやセクシュアリティに関わる侮蔑，否定的な事柄を，（逆

にボーイッシュな女性という立場で）**自分事として感じて苦しくなったということでしょうか。**

　そうですね。そういう意味で言うと，「なよなよすんなよ」みたいなことは，僕の場合は，逆になかったかな。ボーイッシュというような，「元気でいいじゃない！」と，むしろポジティヴに捉えられることのほうが多かったです。でも，自分に直接言われなくても，そういう言葉を聞くことで，やっぱり自分も本当のことを言ったら居場所がなくなっちゃうんじゃないか，というような恐怖とか，常にいじめとか笑いの対象になるんじゃないかという恐怖は拭えなかったというところが大きかったかな。

——**フェンシング競技の現役選手であった頃は，トランスジェンダーやセクシュアル・マイノリティというカテゴリーを意識していたかは別として，いわゆる性的なマイノリティというものをタブーとする感覚や，そうしたことにともなう苦しさのようなもの全般を自分のものとして引き受けていた，ということでしょうか。**

　あんまりそこまで明確だったかは……。今だから振り返ってみて言葉にできることもあるけど，その当時は，自分の個の苦しみと社会的な立場の苦しみっていうのが，分けては考えられなかったので，なんか苦しい，でも何が苦しいのかはそのときは分からなくて。身体の変化もそうだし，周りの人間関係，カミングアウトできないのも辛かったけど，別にカミングアウトに関係なく，ただ人としてのコミュニケーションスキルが足りないということで生じる人間関係のトラブルだったり。試合に勝てないのも自分のトレーニング不足なのか，それとも，性別のことでトレーニングに集中できるような環境じゃなかったのか。その辺が，ごちゃごちゃってなっていたので，なんか苦しいけど，何で苦しいかは当時の自分にはわかりませんでしたね。

——**競技からの引退は，そうした苦しさが重なっていったことの結果ともいえるのでしょうか。**

　そうですね。そのとき，手術をするって決めてたわけじゃないですけど，いずれそういうこともあるかもしれないなと考えると，競技者として続けることはできないと思ってました。自分らしくありたい，つまり男らしくありたいと思えば競技は続けられないし，競技者としての人生をとれば自分らしくはなれないし。ロールモデルもいなかったので，自分らしくプレイする，自分らしさと競技の両立ができるなんて考えたこともありませんでした。なのでどっかでやっぱり選手はもう無理だな，って感じていたことや，怪我が多かったこと，あとフェンシングじゃ飯食えないと思ったことなど，いろんな要因が合わさって引退を決めました。

あとは，ずっと日本代表になりたいと思ってたんですけど，ずっとなれなかったんですよ。僕，本当にここ一番に弱くて。何っていうかな……いつも惜しい選手っていうか，代表選考でも，上位4名が代表になれるようなときに，いつも5，6番みたいな感じだったんです。なので，次の試合でもう勝てなかったらやめようって思っていたら，最後に出た代表選考会で，ぽんと代表に入ったんですね。ただ，代表に入ってみて1年間ぐらいワールドカップとか世界中転戦してたときに感じたのが，やっぱり世界とレベルが違い過ぎると。その当時，日本で全日本10連覇みたいな，ぶっちぎりに強い女子の先輩がいたんですけど，その先輩が世界に出たときに，世界のベスト16に入れるか入れないかくらいだったんです。ベスト32くらいとか。

　翌年に代表選考から落ちたときに，もし続けていれば多分もう一度代表にはなれるかなとは思ったんですが，その先輩を見て，代表になったとしてもそれで世界でメダルを取って活躍というのは僕にはほど遠いな……と。諦めちゃいけないとは思っても，やっぱり自分の身のほどを知るというか。そこの1年で，結構，自分の中ではやり切った感があったんですよね。酒も飲まずに，もうとにかくフェンシングだけに集中して1年間やったけど，1年間やってもこれならば，そこにこだわらなくてもいいかな，って思えたっていうのがありましたね。

──自分の中で競技に区切りがついたということですね。

　うん。だから，結構何っていうかな。後悔してやめたっていうよりも，自分の中で競技としてはやり切った感があった。後悔があるとすれば，自分のセクシュアリティを言えず，チームの仲間ともギクシャクして。居場所がない……みたいなこともあって，15年間もお世話になったフェンシング界，その先輩やコーチにちゃんと挨拶もしないまま，逃げるようにやめちゃったのは自分の中でずっと引きずってました。

──その後，指導者の立場でふたたびフェンシングに関わられています。

　25歳で大学院3年のとき，もう競技者としてはいろいろ限界だなと思って引退したんですけど，指導者として関わり続けることになりました。大学院に入った頃，2005年くらいだったかな，ワセダクラブっていう早稲田の体育会と地域が連携して小中学生のスポーツ育成をするNPO法人が立ち上がったんです。当時，早稲田大学フェンシング部の川名（宏美）監督っていう方がいたんですけど，その監督が，ジュニア育成が大事だっていう強い思いをもっていて，ワセダクラブがまだ6，7チームぐらいの競技しかないときに（加入に向けて）いち早く手を挙げたんです。

　そのときに，監督に「どうせ，おまえ大学院なんて暇なんだから，コーチ手伝

え」って言われて，「分かりました」って。監督に言われたら，『はい』か『イエス』ですみたいな，本当そんな感じで答えて。監督がおっしゃったように暇だったんで。アルバイト的に，指導者としてフェンシングに関わっていたという感じです。

——では，指導というかたちではもうかなり長く続けてこられたという。

　そう。競技を引退してからは自分が試合をする気にはならなかったんですけど，子どもたちに教えるぐらいならと，毎週日曜日に子どもたちに指導をしていました。ただ，いろいろ気まずかったんで，代表時代のコーチや仲間と顔を合わせるかもしれない試合会場などは極力行かないようにしてました。

▶ 〈LGBTQ アスリート〉の過剰な代表性

——高い競技レベルでスポーツを経験した方で，性的マイノリティだとオープンにする人はいまだ非常に少ないため，杉山さんのような立場の方に LGBTQ など性的マイノリティ全般についての質問や，あるいは代弁者として期待される役割が集中してしまうということがあります。こうした「過剰な代表性を担わされる」という状況や立場について，どのように感じていらっしゃいますか。

　これってニワトリ，卵みたいな話だと思ってるんです。結局（スポーツ界で）誰もカミングアウトしてないから，カミングアウトできないんですよね。誰もカミングアウトしてないから理解が進まないし，理解が進まないからカミングアウトできないっていう悪循環。じゃあ，どうするのっていうと，当事者の姿が見えないのに社会の理解だけ進めるって，やっぱりすごい難しい。みんながみんな言わなきゃいけないわけじゃないけど，やっぱり言わないと分かってもらえない。そういう意味では，僕自身は，もしカミングアウトして世界中に嫌われたとしても，家族はいる，少なくとも世界に一つは自分の居場所があるというゆるがない安心感がすごく大きかったと思います。別にそれでどうこう言われても，友達もいるし，家族もいるし，一応，仕事もあるから，とりあえず何とかなるだろうって。じゃあ，言える人から言ったらいいんじゃないかなというふうに思った。だから，シモちゃん（下山田志帆選手）とか村上さん（村上愛梨選手）とか出てきてくれたり，ライアン（元バスケットボール W リーグ選手ヒル・ライアン）とかナナエちゃん（元バレーボール V リーグ選手滝沢ななえ）とか，別に僕のおかげだなんてことは全然思わないですけど，少しずつそうやって誰かが言えれば，誰かが次，そうするとまた次と。その「誰かが」っていう意味では，自分にやれることはやろうと。その後は，いずれそのうち誰かが続いてくれるんだろうなという

気持ちですかね。

▶ スポーツ組織での役割

──2021年から日本フェンシング協会および日本オリンピック委員会（JOC）の理事を務められています。公的なスポーツ組織の中で，現時点で唯一，性的マイノリティであることをオープンしている当事者ということもあり，世間からの注目や期待も高いと思いますが，就任に至る経緯や，実際に公的スポーツ組織の内部に入ってみて感じるスポーツ界の状況，特にジェンダーやセクシュアリティに関する問題についてお話しください。

　そもそもの経緯は，フェンシング協会の太田雄貴前会長ですね。彼と僕は，関係性で言うともう長くて，彼が小学生のときから知ってますから。歳が5つくらい離れてるんで，2人で飲みに行くというほどの仲ではなかったんですけど，それでも，ちょこちょこ関係性はつながってて。なので，僕も社会活動を始めたときに，雄貴に「LGBTQの若者にメッセージ頂戴よ」とか，なんかそんな感じで連絡してたんですよね。雄貴が結婚したパートナーも本女（日本女子大付属高校）の僕の後輩だったり，いろいろご縁もあって。逆に雄貴も，「文野もそろそろフェンシング手伝ってよ」なんていうのは，カジュアルな会話には出ていました。そしたら，一昨年の年末，秋か冬くらいかな，雄貴から「今度フェンシング協会理事の改選があるから，そのときに文野，理事に立候補してみない？」って連絡があって，「僕でよければ是非頑張ってみたい」と。

　他のことで忙しかったというのもあったけど，引退後はなんとなくの後ろめたさからフェンシング界とは一定の距離をとっていて。とはいえ，フェンシングに育ててもらったっていう思いも強かったので，何かしら自分に貢献できることがあればというふうに思っていたし，こんなタイミングでもなければ戻れなかったので。

　返事をしてからしばらくして，年明けてからですかね。多分，森さん（森喜朗東京オリンピック・パラリンピック競技大会組織委員会会長〔当時〕）の発言があったりとかして風向きが変わったんでしょうね。雄貴からまた電話があって，「文野，JOCって興味ある？」と。僕はお恥ずかしながらJOCってよく聞くけど何してるんだっけ？ と，組織委員会とJOCの区別もつかない，そんな程度の認識だったんです。ただ，スポーツ界でも多様性を大事にしていきたい，でもそれを語れる人，特にマイノリティ当事者でアスリート経験もある人がなかなかいない，文野が適任なんじゃないかという案が出たという話を聞いたとき，自分でもピンときたんですよね。

116

いつまでもパレードの代表だけを続けるっていうのもなんか違うし，じゃあ，アカデミックの世界に行くのか，留学するのか，ビジネスやるのか。ちょうど今後どうしようかなみたいなことを，悶々と考えてるときだったので。

　スポーツっていう話をもらったときに，スポーツ界であれば，15年間自分が選手としてやってきた経験と，引退してから15年間社会活動に関わってきた経験，この30年分の経験を全部丸々活かせるフィールドだなって思ったんです。社会的な活動だけをしていても，なかなか伝わらない，それだけでは変わらない現実もずっと感じてました。スポーツってすごく発信力が強いし，ひとつのLGBTQ団体の代表をやるよりも，もっと大きな組織の中にちゃんとダイバーシティとかLGBTQとかマイノリティとか，そういう視点をちゃんと発言できる人が入っていくっていうのは，すごく大事だなと。そこで「もしその可能性があるなら，ぜひ頑張ってみたい」と返事をして。結果，フェンシング協会から僕の名前が推薦されました。

　それまでは，（JOC理事の枠は）格闘技系では，この競技とこの競技，というように枠がほぼ決まってたらしいんですね。なのでフェンシング協会からJOCの理事になるなんていうことはまずなかったようなんですが，ガバナンス・コードの変更もあったりして，そういう意味では，確約はできないけどチャンスはあると言われていました。でも，最後まで本当になるのかな……なんて思っていたらYahoo!ニュースで自分の名前が挙がっていて，本当になるんだ，と。

　それで，ご存じのとおり，「JOC初のトランスジェンダー理事」というのがニュースになり，その理事が男性枠なのか，女性枠なのかっていうことで揉めて全国ニュースになりました（苦笑）

　でもこういった課題がある，ということを一気に知っていただくすごくいい機会だったとも思います。

　久々にスポーツ界に戻ってきて思うのは，僕はやっぱり，体育会系のノリが大好きなんだなと。「はいかYESか」とか「気合いと根性」とか。そういう中で長く育ってきたから，問題もいろいろあるけどそうした価値観がすべて駄目みたいにも思っていなくて。だからスポーツ界の方と関わる機会が久々にグッと増えてすごく楽しいなという感覚の一方で，やっぱりスポーツという，強いものが評価されるこの世界，特にスポーツ界に残り続けている人は，そこで勝ち残ってきた人たちなので，基本，スーパーヒューマンばっかりなんですよね。だから，強い人の理論だけで回っていってしまいやすい。負けるのは努力が足りないお前が悪い，俺だってこうやって勝ち残ってきたんだ，と。努力したくても，そもそも努力すら許されない環境の人がいるというような，マイノリティや弱い立場の人に対する共感力が業界全体的に低いように感じ

ます。もちろん全員がというわけではないし，それはどこにも悪気がないんですけどね，悪気がないからこそ意識を変えるのはなかなか難しい。だからこそやりがいはあるなとも思います。

　なので，僕がすごく考えて戦略的に発言しなくても，当たり前のように進んでしまう議論の中で僕なりの視点で感じたことを発言するだけで，スポーツ界にとっては新しい視点となることがある。山下（泰裕）会長も，入ってすぐに，これは僕だけじゃなくてみんなにですけど「とにかく思ったことは全部言ってくれ」と，「言いづらかったら，後からメールでも，別に自分に言いづらかったら他の人でもいいから，とにかくちゃんと思ったことを議題に出していこう」というふうに言ってくださって。だから僕も思ったことは言うようにしていて，これまでの理事会がどうだったのかはわかりませんが，今の理事会はとても活発な議論があるし，いろんな意見をしっかりと取り入れていこうという前向きであたたかい雰囲気もあるので，僕も楽しく参加させてもらってます。JOCからもフェンシング協会からも収入は一円も得ていないので，もし必要だと思う発言をして万が一にも辞めなければいけないようなことがあったとしても，そこにしがみつく必要もないですし。

　自分のこれまでの経験を全ていかしてスポーツ界における多様性推進と，スポーツ界全体としての心理的安全性の向上，この2点に関して僕ができることがあれば，しっかりやっていきたいなと思っています。

── JOC理事会に関しては，ジェンダー比率ですらあまりに不均衡な状態でした。森喜朗前会長の女性蔑視発言から辞任の流れを受けてその問題が浮き彫りになり，それを受けた改革の中で杉山さんが理事になられたことは，種々のマイノリティの立場からしても非常に大きな出来事だといえます。特に性別二元性に基盤を置くスポーツ界では，トランスジェンダー当事者の声は非常に貴重で，多くの方が活動・活躍に期待してると思います。

　自分なりに考えると，僕がトランス男性ってことも大きいと思います。もとがどうであれ，今は男性扱いなんで。これは余談になるかもしれないですけども，どういうふうにこれまでのLGBTQなどの社会活動を盛り上げてきたのか，って聞かれたときに，いつも，「ずっとみんなと酒飲んでたんですよ」と言ってたんですね。「いろんな人と飲みニケーションして，とにかく反対している人であろうが，何であろうが，乾杯すれば仲良くなる。性別うんぬんの前にまずは仲良くなること」っていうふうに。でも自分なりに考えてて最近気づいたんですが，これって自分が酒でマウントとってきたのかもなって。すごく強いわけじゃないけど，お酒は好きなので，たとえば

LGBTQ に理解のないおじさんとかと飲むじゃないですか。そうすると，わざとがんがん酒飲むんですよ。がんがん飲んで，飲まされて，結局，相手がつぶれちゃうんです。要は，非常に昭和の価値観のおじさんを変えるために，飲みでマウンティングを取るという，すごい昭和のコミュニケーションをしてきたわけです。おじさんは，女に負けるわけにはいかないから，酒で負けたってなると，僕のことを男として認めるようになるところがあるんです。だから，たとえばスポーツの世界でも「女性だから」っていうような，刷り込まれた強いジェンダー観がある中で，立ち位置的には男性というのは，正直動きやすい部分もあるのかなと，自分なりには客観視しているところがあります。

——以前，別の機会に，いってみれば意識的に男性のホモソーシャルな関係性の中に入って，それをある意味利用しながら戦略的にコミュニケーションしているという内容を話されていました。またプライドハウスの設置にあたっても，ひとつにはオリンピック東京開催という機会を最大限に利用しようという意図もあったとおっしゃっていたかと思います。結果的にプライドハウスが日本に初めてできたことで，あのスペースがいろいろな形でマイノリティの情報発信やコミュニティに貢献する場所になっています。さまざまな方法があるにせよ，そうした自分たちの視点や意見の発信をしていく上ではあらゆる機会を戦略的に使っていくということは，かなり意識しておられますか。

そうですね。結局伝わらなければ意味がないと思っているので，ある程度許される範囲でなら，これが駄目ならあっちの方法で……と，いろいろ試行錯誤しながら，その時々で最善の策を見つけながら柔軟に進めていくのが大事かなと思っています。今はまだコロナ禍なので，スポーツの関係者ともそんなに飲みに行けていないですけど。いい意味できちんとコミュニケーションを積み重ねて，関係性を構築して最終的に良い理解に繋げていきたいです。

▶ スポーツという領域でのこれからの展望

——これから先，特にスポーツという領域でどのような活動をしていかれる予定でしょうか。これまでのお話から，徐々に活動の軸足をスポーツに移していかれるのかなという印象を受けました。

そうですね。大きくはスポーツ界の多様性推進と，スポーツ界の心理的安全性の向上という二つかなというふうに思っています。JOC の中では，アントラージュ専門

部会とオリンピック・ムーブメント専門部会の部会員になっていて，フェンシング協会の中ではアスリート委員の担当理事なんです。なので，フェンシングのほうでは，アスリートの子たちとしっかり意見交換して，アスリートが安心・安全に競技できる環境をつくっていくためにできることを考えていく。JOCのほうは，アントラージュ部会では競技環境を整備して，アスリートが最大限力を発揮できることを目指す部署。オリンピック・ムーブメント部会は，スポーツを通じて相互理解や世界平和を目指していく部署。スポーツで社会課題を解決していくのが目標なので，関係者の方たちに，マイノリティの視点を共有することで，同じ一つのイベントや，何かの企画をする場合でも，ちゃんとそうした視点を入れた上でのルール作りにしていくということが大事だと思います。

　今回，改めてオリンピックって素晴らしいなって思ったのは，いろいろ課題はあるんですけど，世界中が同じルールで戦うっていう，そのルールを作るのに，すごくみんなが試行錯誤するわけですよね。世界中がフェアに戦うためのルールは何かと。IOCのトランスジェンダー規定とかもそうですけど，そういうためにすごく議論をする。まだ満足なものではないかもしれませんが，そういう議論をする過程で少しずつ理解が進んでいくと思うんです。日本のスポーツ界のルールがマイノリティの視点も取り入れたルールにアップデートされていく過程で，日本社会全体のルールもアップデートできたらと。そうした意味で，しっかりとこのスポーツ界から変えていけたらなと思っています。

――最後に，ちょうど先月（2021年12月），IOCがトランスジェンダー選手の出場規定を改訂しました。世界陸連（WA）の規定に合わせて，女性カテゴリーのテストステロン値などの条件を厳しくするのではという予想とは逆に，規定は緩やかになりました。海外の報道では，それ自体は好意的に受け止められていますが，一方で，参加適格者を各競技団体（世界陸連など）が決められるというマージンをあえて残しており，IOCが判断を競技団体に丸投げした，あるいは判断から逃げたという見方もできます。

　逃げたなって言われたら，そうだよなとも思いますし，逆にそれ以外の手段がなかったんじゃないかなとも思うっていう，両方ですね。競技特性はすごく差があるので，全部の競技において同じルールを設けるほうが無理があるのかなと。乗馬が男女区別なくやっているように，競技によって男女一緒にできるもの，できないものっていうのもあると思うので，各IF（国際競技連盟）の判断にある程度ゆだねるっていうのは致し方ないとも思う。ただ，「ルールを作ったから終わり」になっちゃうと，何

も進まないで終わってしまう。ちょうど今日も，小谷実可子さんらともやりとりしていたんですが，実可子さん，LGBTQにまつわる問題をすごく応援してくれてるんですよね。IOCの作った規定を基に日本のスポーツ界はどうすべきなのか，そういった議論をしっかりしたいって，JOCの内部から一緒に声をあげてくれている。結局，これはIFに任せるから，IOCもJOCも関係ないよね，ではなくて，少なくとも基本の基として，まずはこのIOC規定を日本語訳で発表しましょうと。日本がどうするのか，世界基準と照らし合わせながら考える，その材料が圧倒的に足りないので。実際，僕はNF（国内競技連盟）からトランスジェンダー選手のカミングアウト事例が出て，どうしたらいいかって相談を受けたりし始めているんですね。日本のスポーツ界としても避けては通れないですよと。JOCとしても今後どう対応していくのか，しっかり議論を止めないで続けていく必要があると思っています。

（2022年1月11日，オンラインにて）

第6章

「スポーツを通じた女性の活躍促進」とは
いかなる政策なのか

はじめに

　2021年2月3日の日本オリンピック委員会 (JOC) 臨時評議員会において，東京2020の組織委員会元会長が「女性蔑視発言」をしたことにより，国内外から多くの批判に晒されたことは記憶に新しい。マスコミも連日，この件を取り上げ「ジェンダー平等」という言葉があらゆる場面で聞かれるようになった。「ジェンダー」という言葉の使用すら憚られた2000年代はじめの「ジェンダー・フリー・バッシング」の頃を振り返れば，「女性蔑視発言」を契機に，「ジェンダー平等」という言葉をスポーツ文脈で見聞きする機会が増えたことや，2021年の新語・流行語のトップテンに選ばれたことは，ある意味では「時代の変化」と言えるのかもしれない。しかし手放しで歓迎できることばかりでもない。

　「女性蔑視発言」に対する注目度の高さは，新型コロナウイルスが猛威を振るう中，ワクチン接種を含む種々さまざまな対応の遅れや，人命よりもスポーツが優先されることへの人びとの憤りの大きさを反映していたように思う。同時に，オリンピック・パラリンピックの大会組織委員会会長という立場でありながら，スポーツ組織における女性理事の割合を40％以上にすることを謳ったスポーツ・ガバナンス・コードや，そのような数値を設定した意味すら理解していないことが露呈した。もっともこの騒動は，次期会長の座に「女性」が就き，女性理事を4割にすることで幕引きを図ったが，このような「ジェンダー平等」のアピールだけでは，「男性」をも含むジェンダー構造を見逃す。

　本章では，「スポーツを通じた女性の活躍促進」と名付けられた日本におけるスポーツ政策に着目し，この政策内容を「ジェンダー平等」との関連から分

析していくこととする。第2章で見たように，近代以降，女性はスポーツの周縁に置かれ，スポーツする機会を制限されてきた。マラソンなど，種目によっては「女性には過酷すぎる」等の理由で，女性が競技することが認められてこなかった。一方で近代のスポーツは，特に男性の身体を通じ，近代社会の主体形成の手段にも用いられ，男性の「差異」として女性は位置づけられてきた。したがって，女性に特化して予算を分配するようになった「スポーツを通じた女性の活躍促進」とは，「女性スポーツ」の歴史からみて画期的な政策のようにも見える。

　しかし，多くの研究者が女性活躍推進法やそれにもとづく施策に対して分析・批評をおこなっているにもかかわらず，同じ政権のもとで同様の文言（「女性の活躍」）が使用された「スポーツを通じた女性の活躍促進」に関しては，直接的，批判的論考はほとんどない。「スポーツを通じた女性の活躍促進」が政策として加わった第2期スポーツ基本計画（以下，第2期計画）に関して，新自由主義の観点から批評した『変容するスポーツ政策と対抗点——新自由主義国家とスポーツ』［棚山ほか編 2020］や，女性スポーツ政策全般に関する研究資料［野口・小笠原 2020など］は存在するが，高峰修の「東京2020オリンピック開催に向けたスポーツ政策における女性アスリートの身体——「女性特有の課題」としての生殖機能の保護と管理」と題する論考［高峰 2020］以外，「スポーツを通じた女性の活躍促進」を直接扱った論考は見つからない。

　したがってこの章では，東京2020と共にあった「スポーツを通じた女性の活躍促進」の政策を総括することを目的とする。その際，「ジェンダー平等」をもカッコ付きで扱い，グローバル・ガバナンスを中心に推進されるスポーツ文脈における「ジェンダー平等」についても検討する。

1　スポーツ政策とは

(1)「政策」をめぐって

　「政策」に関する定義は多岐にわたるが，総じて個人や集団が公共的問題についてとるべき方向や方針のことを指す。また一定の目的を遂行するための方

針や手段と定義されもするが，いかなる価値を，いかなる資源を用いて，いかなる方法で実現するかという政策内容そのものも争点となりうる。スポーツは，時代に応じてその定義も変遷してきたが，スポーツが政策として位置づけられるということは，何らかの目的がすでに組み込まれたものとみなすことができよう。

　森川貞夫は，スポーツ政策を「(略) 狭義には国家・地方公共団体，あるいは支配的なスポーツ組織・集団等によるスポーツの振興・奨励（稀には禁止・抑制）のための方策・施策の体系」と定義し，「そこには政策立案主体におけるスポーツの価値，スポーツ問題等の捉え方によって一定の価値観・イデオロギーあるいは政治性が反映することになる」[森川 2015：40] と言及している。森川によれば，日本のスポーツ政策は戦前・戦時中からおこなわれていたとし，欧米的なスポーツを禁じて武道的な「体育運動」政策や，体位・体力向上を目的とする「国民体力管理」政策を挙げている [森川 2015：40-41]。

　いっぽう笠原一也は，「スポーツ政策も含め，政策を公共体が主体となって法律を根拠におこなう体系的な諸策のことと捉えるならば，わが国のスポーツ政策は1961（昭和36）年にスポーツ振興法が制定されてからといえる」[笠原 2015：42] と言及している。したがって笠原は，森川の定義するスポーツ政策よりも狭義の内容を想定している。

　菊幸一は，イギリスで中産階級が独占してきた近代スポーツは，「スポーツ教育」という教育的次元においてのみ公共性を認められ，日本でも同様の傾向が見られたこと，またそのように近代スポーツの公共的価値が認められたのは，近代国家の国民形成の手段として国家によって承認されたからであると指摘している [菊 2010，菊ほか 2011]。すなわち，「スポーツを身体に対する訓練重視で禁欲的な精神の教育的対象（＝体育)」とみなす考え方が，日本では戦後も続き，1961年にスポーツ振興法が作られてもその政策が，文部省（現文部科学省）の審議機関「保健体育審議会」に委ねられてきたように，日本におけるスポーツ政策は「体育政策」としての意味合いを強く帯びてきたと菊は分析している [菊ほか 2011：162-164]。

（2）スポーツする権利

　ヨーロッパ評議会は1976年に「ヨーロッパ・スポーツ・フォー・オール憲章」を採択し，みんながスポーツに参加する権利をスポーツ政策として定めた。同年，ユネスコは「体育・スポーツ担当大臣等国際会議（MINEPS）」を開催し，政府間のスポーツ政策の連携が図られるようになった。1978年には，国連の第20回総会にて「体育・スポーツ国際憲章」が採択され，個人の自由，権利および尊厳を尊重する国連憲章や世界人権宣言などの理念がスポーツにも適用され，各国のスポーツ政策に影響を与えたとされる。実際，1979年に成立した国連女性差別撤廃条約の中で，教育分野に関する第10条に「スポーツおよび体育に積極的に参加する同一の機会」を確保することが，男女平等の基礎として定められている。

　1995年の第4回国連世界女性会議以降，「ジェンダーの主流化（gender mainstreaming）[1]」が政策理念として提唱されるようになった。男女共同参画局が内閣府に設置された背景には，国連がジェンダー主流化を強化するために「ナショナル・マシーナリー（国内本部機構）」の設置と充実を提唱したためであり，男女共同参画社会基本計画にスポーツに関する文言が，特に第3次計画（2010年12月決定）以降，多く盛り込まれるようになっていった。この点については後で詳述する。

　1961年に成立した日本のスポーツ振興法に「スポーツする権利」は明記されていない。スポーツ振興法は，1964年の東京五輪開催に向けての施策を盛り込んだ法律であり，国民へのスポーツの普及やスポーツ施設のインフラ整備などの根拠法として存在していた。しかしその後，日本のスポーツを取り巻く環境の変化にスポーツ振興法では限界があることが指摘されるようになり，2000年にスポーツ振興基本計画が策定された。2001年から10年間で実現すべき政策目標や必要な施策が掲げられ，その施策として，国立スポーツ科学セン

---

1 ）　1997年の国連経済社会理事会（ECOSOC）によると，「ジェンダーの主流化」とは，
　　1 ）あらゆる領域と段階において，立法，政策，プログラムを含むすべての行動計画の，
　　男性と女性に対する影響を評価するプロセス，2 ）女性と男性が等しく利益を受け，不
　　平等が永続しないように，男性のみならず女性の関心と経験を政治的，経済的，社会的
　　な全領域において，計画，実行，監視，評価をするための戦略，3 ）究極の目標は，
　　ジェンダー平等の達成，を含む概念である。

ター（JISS）が2001年に，ナショナルトレーニングセンター（NTC）が2008年に建設された。2010年には「スポーツ立国戦略」が発表され，2011年に「スポーツ基本法」が制定されるに至った。

　スポーツ基本法では，その前文で「スポーツを通じて幸福で豊かな生活を営むことは，全ての人びとの権利であ」ることが示され，「スポーツに関し，基本理念を定め，並びに国及び地方公共団体の責務並びにスポーツ団体の努力等を明らかにするとともに，スポーツに関する施策の基本となる事項を定めることにより，スポーツに関する施策を総合的かつ計画的に推進し，もって国民の心身の健全な発達，明るく豊かな国民生活の形成，活力ある社会の実現及び国際社会の調和ある発展に寄与することを目的とする」とある。また，スポーツ基本法の理念を具体化し，スポーツ施策に関する総合的かつ計画的な指針を示すものとして，スポーツ基本計画が位置づけられている。2012年度から10年間のスポーツ推進の基本方針と，第1期（2012年度から2016年度），第2期（2017年度から2021年度）と5年間ずつ区切った施策が示されている。この間，スポーツ庁が2015（平成27）年に創設され，スポーツ政策の主管を担うようになり，第2期計画にもとづく施策はスポーツ庁が担当部局となった。

② 「女性活躍」とは

　2012（平成24）年12月26日に発足した第2次安倍政権は，経済回復を最大目標と位置づけ，「3本の矢」を柱とする経済政策，アベノミクスをスタートさせた。1本目の矢である「大胆な金融政策」は，金融緩和を促すことでデフレ脱却を目指し，2％のインフレ目標が達成できるまで無期限の量的緩和を目指した。2本目の矢である「機動的な財政政策」では，約10兆円規模の経済対策予算によって政府が自ら率先して需要を創出し，3本目の矢である「民間投資を喚起する成長戦略」では，各種規制緩和をおこない，投資を誘引することで成長産業や雇用の創出を目指すものとされた。

　「女性活躍」は，3本目の成長戦略においてもっとも重視された分野の一つとされ，当時の首相であった安倍晋三は2014（平成26）年9月29日におこなわ

れた臨時国会の所信表明演説において「女性の活躍」を経済成長の原動力にすると表明した。2015年8月には女性活躍推進法が成立（2016年4月施行）し，さらに同年10月7日に発足した第3次安倍内閣は，「我が国の構造的な問題である少子高齢化に真正面から挑み，「希望を生み出す強い経済」，「夢をつむぐ子育て支援」，「安心につながる社会保障」の「新・三本の矢」の実現を目的とする「一億総活躍社会」」を目指すと宣言した。

このように1億総活躍社会の中核として推進されるようになった「女性活躍」は，それまでの女性就労支援策とは異なり，日本の中長期的な経済戦略として位置づけられたことに注目が集まった。またここには，生産年齢人口（15歳から64歳）の不足への対策として女性労働力を活用するという視点と「ウーマノミクス」の視点が含まれている。

ウーマノミクスとは，ゴールドマン・サックス証券元副会長のキャシー松井が1999年から提唱している概念であり，女性の就業率を男性並みに向上させることによって国内総生産（GDP）も底上げされるというものだ。ウーマノミクスは，女性の社会進出によって，労働力としても消費者としても女性が経済を牽引していく経済のあり方を意味しているともされる。このウーマノミクスの考え方にもとづき経済産業省においても，2012年度から，「女性活躍推進に優れた上場企業」を「なでしこ銘柄」として選定し発表している。

経済産業省が「なでしこ銘柄」を選定し発表することの第一義的な目的は，企業の中長期的な価値の指標に「女性活躍」を置くことによって，投資家が「なでしこ銘柄」企業へ投資することを促進させるためであり，女性たちの活躍とはどのようなことを指し，具体的施策として何が必要なのかに関する議論はそれぞれの企業に任されている。さらに「なでしこ銘柄」であることを選定する際に使用される評価フレームは，「ダイバーシティ2.0行動ガイドライン」の7つのアクションと女性役員数および3年間の財務指標となっていることから，「女性活躍」は「ダイバーシティ（多様性）経営」の文脈にも置き換えられる。

政治学者の申琪榮は，かつてないほど「女性」の記号が，「保守勢力においても利用価値の高い正統性の資源となり」［申 2015：1］，それゆえにジェンダー政策の課題はかつて顕在化したジェンダー平等政策に対するバッシングやバッ

クラッシュへの対応というよりも，むしろ「ジェンダー平等の意味合いをめぐる多様な勢力間の競合」[申 2015：1]であると指摘する。この指摘は資本主義経済と親和性の高いスポーツにおける女性政策を検討する上でも重要な視点と考えられる。特に国内の「スポーツを通じた女性の活躍促進」のみならず，後述するように，国連や国際オリンピック委員会（IOC）が主導するスポーツにおけるジェンダー平等施策も次々と発表されており，「ジェンダー平等の意味合い」をスポーツ文脈で再度考察する意義はあるだろう。

　以下ではまず，スポーツ政策の中に「女性」の課題がどのように位置づけられているのかについて検討していく。

③　スポーツ政策における女性

（1）異性愛規範と「女性」の再生産

　「スポーツを通じた女性の活躍促進」は2017年度に策定された第2期計画から盛り込まれた施策であるが，女性アスリートを対象とした施策は，文部科学省（以下，文科省）が2010年に策定した「スポーツ立国戦略」の「世界で競い合うトップアスリートの育成・強化」に盛り込まれていた。これは，国際競技力を向上しメダル獲得増を目的とするものであり，「女性アスリートについて，出産・育児後に競技活動を継続するための円滑な現役復帰トレーニング方法の開発，女性アスリート特有のニーズを踏まえた医・科学サポート等を実施できる女性スタッフ等の積極的登用などをおこない，出産・育児等と競技活動の両立を支援する」ことで，女性アスリートが競技に専念できる環境を整備することが明記されている。

　それ以前の2008年から，トップアスリートの競技力向上にはさまざまな分野の専門家が関わらなければならないというコンセプトのもと，「チーム「ニッポン」マルチサポート事業」がスタートしており，2011年度から「女性アスリートの戦略的サポート」も加わった。順天堂大学女性スポーツ研究センターは，2011年度と2012年度の2年間，女性アスリートの戦略的強化支援方策に関する調査研究を受託し，その調査研究の報告『女性アスリート戦略的強

化支援方策レポート　本編・エッセンス版』を作成した。

　このレポートは，「身体・生理的な課題に取り組むための方策」の他，「心理・社会的な課題に取り組むための方策」，「組織・環境的な課題に取り組むための方策」と，女性アスリートの戦略的支援を3つの観点から包括的に捉えた内容で構成されている。しかし2013年度から，女性アスリートの戦略的強化に関する調査研究の応募にあたっては「ハラスメント，デュアルキャリア，セカンドキャリア，女性の社会的評価の向上など競技力向上に直結しないと思われる課題・テーマについては対象としない」とする留意点が含まれるようになり，それ以後，「女性アスリートの戦略的サポート」は心理・社会的，組織・環境的な課題から引き離され，身体・生理的な課題に特化されるようになった。

　2017年度からは第2期計画の11本の柱の一つである競技力向上のなかに「女性アスリートの育成・支援プロジェクト」が加わり，女性エリートコーチの育成も含まれるようになった。2019年度からはジュニア層からハイパフォーマンスを継続可能にする環境整備が盛り込まれた。スポーツ庁のホームページ（「女性アスリートの育成・支援プロジェクト」）には「ハイパフォーマンススポーツにおける女性アスリートが直面する身体的・心理的・社会的な課題の解決に向けた，女性アスリートの競技力向上に資する調査研究を実施し，その成果を女性アスリートや指導者等の強化現場に還元する」と明記されているものの，令和3年度の公募要領には依然として「ハラスメント，デュアルキャリア，セカンドキャリア，女性の社会的評価の向上など競技力向上に直結しないと思われる課題・テーマについては対象としない」とする留意点は残ったままとなっている。

　「女性アスリートの育成・支援プロジェクト」の調査研究では，「女性特有の課題の解決に向けた調査研究を実施し，その成果を女性アスリートや指導者等の競技現場に還元する」とあり，ここには「パラアスリート支援」に関する調査研究も含まれている。女性アスリート支援プログラムでは，「女性特有の疾患，障害等における医学サポート」，「妊娠期，産前産後期，子育て期におけるサポート」などがあり，女性エリートコーチ育成プログラムでは，「女性特有の視点とアスリートとしての技術・経験を兼ね備えた女性エリートコーチを育成するため（省略）モデルプログラムを策定・実施」と書かれている。

「女性アスリートの育成・支援プロジェクト」は、コンディショニングや疾患、月経、妊娠出産など、女性アスリートの身体にアプローチする研究、支援等に重点を置いているが、その第一義的な目的は、それまで男性中心におこなわれてきたコンディショニングやトレーニングの研究・サポートを女性中心に置き換え、よりメダル量産につなげることである。またそれらの施策では女性間のさまざまな差異は言及されずに「女性特有」という言葉が何度も使用されることで、高峰が指摘する「生殖機能の保護と管理」のみならず、「女性」を決定づける指標が身体のみに限定され、「男性」との差異としての「女性（の身体）」が想定されている。

2021年の東京五輪では、トランスジェンダー選手が五輪に初めて参加し、ホルモン値など数値化できる指標のほか、「性自認」にもとづく性別で参加することが認められた。しかし、DSD（性分化疾患）選手は出生児に付与された性別も性自認も「女性」であるにもかかわらず、微量なホルモンの数値によって一定の「女性」種目への出場を制限されたり、薬物療法を強要される。これらのことは、「女性か男性か」というスポーツ界が前提とする性別二元論が、すでに限界であることを示すと同時に、「性別」の指標は身体的特徴だけでは捉えきれないことも物語っている。

さらに、女性アスリートのサポートを妊娠や出産に限定し、かつ、子育ての担い手は女性アスリートであることを含意した支援を全面的に打ち出す国の政策は、暗に、異性愛規範にもとづく伝統的な性別役割分業を支持・強化している。

（2）「権利としてのスポーツ実施」から「スポーツ実施の強制」へ？

第2期計画から盛り込まれた「スポーツを通じた女性の活躍促進」は、民間スポーツ課が担当し、「女性スポーツの促進方策」「女性スポーツに関する国際的な取組」「女性のスポーツ実施率向上」「女性コーチの育成」が具体的な政策となっている。しかし、「女性のスポーツ実施率向上」が別立ての施策として掲げられているにもかかわらず、「女性スポーツの促進方策」の中でも「世代ごとの女性のスポーツ実施率の向上」が柱となる取組の最初に掲げられている。「女性のスポーツ実施率向上」のサイトでは、過去に実施された調査報告書や

現在も続く女性のスポーツ参加を促す「サポートページ」が掲載されており，女性のスポーツ実施率向上は他の施策よりも重視されているという印象を受ける。

スポーツ団体における女性役員割合の増加は，JOCに委託され，スポーツ団体における女性役員のカンファレンスの開催や，ホームページ上での女性役員の「見える化（女性役員の人材バンク創設も含む）」がおこなわれたが，その後，女性役員を増やすための事業は民間団体に引き継がれた。2019年，スポーツ庁は競技団体の運営方針「ガバナンスコード」を策定し，「女性理事の目標割合（40%以上）を設定すること」と具体的な規定をもりこんだ。これにより，その規定を遵守できていない場合は，その理由と今後の具体的な方策を説明する責任が各競技団体に生じることとなった。これを受けて，2021年度のJOC理事の女性割合はようやく4割を超えたが，このポジティヴアクションの施策担当は一貫せず，施策内容の根拠やその意義について，各競技団体が共有できているとは言い難い。

女性コーチの育成は，スポーツ庁から日本スポーツ協会が受託し，2018年度に「女性スポーツ促進に向けたスポーツ指導者ハンドブック」を作成した[2]。このハンドブックを活用して「女性スポーツサポート研修会」が2019年度，2020年度に実施されているが，その内容は「女性とスポーツに関する現状と課題の理解を深めること」であり，女性コーチを育成するための具体的方策を直接扱ったものではない。

その他，「女性スポーツに関する国際的な取組」は，スポーツ庁国際課が担当部署になっており，女性とスポーツに関わるこれまでの国際的な提言（ブライトン・プラス・ヘルシンキ2014宣言，ロサンゼルス宣言）やUNESCOの体育・スポーツに関わる文言，および国際会議（世界女性スポーツ会議など）の情報が掲載されている。2017年4月にスポーツ庁をはじめとする中央競技団体の代表が，10の原理・原則が明記された「ブライトン・プラス・ヘルシンキ2014宣言」に署名をしたが，その後，各団体で署名行為がどの程度，どのような形でそれ

2）ハンドブックの目次内容を見ると，「女性スポーツ指導の留意点」や「女性スポーツ啓発の留意点」となっており，女性コーチの育成に直接踏み込んだ内容にはなっていないことがわかる。

ぞれの施策に反映され，どのように評価されたのかは明らかではない。

　いっぽう，先述したように，「女性のスポーツ実施率向上」に向けた取組は，女性が運動習慣を身につけるためのサポートや動画など多岐にわたっていることから，もっとも重点がおかれている施策と理解できる。女性のスポーツ実施率を向上させなければならない理由として，①男性に比べて女性のスポーツ実施率が低いこと，②中学生女子の20%が「スポーツが嫌い」，「やや嫌い」と回答し，運動習慣の二極化が見られること，③20代から40代女性の運動実施率が特に低いことが挙げられている。

　2017年度に日本総研がスポーツ庁の委託で実施した「スポーツを通じた女性の活躍促進のための現状把握調査」によると，女性のスポーツ実施の「阻害要因」として，「育児・家事で多忙」，「子供に手がかかる」がもっとも高い割合であることが報告されている。育児や家事の負担が女性に偏ってきた歴史的・社会的構造は，日本社会に長らく顕在化していた問題であり，この調査によってあらためて明らかになったことではないが，スポーツ庁が主導する女性の運動実施率の向上施策では，育児や家事の合間に実践可能な「ながら運動」を推奨するものとなっており，女性が育児や家事を大きな負担と感じてしまう構造や要因については看過されたままとなっている。

　また上記調査では，「面倒くさいから」「運動・スポーツが嫌いだから」「特に理由はない」とする回答も多く，スポーツ未実施者に分類される人たちの中にはスポーツする必要性を感じていない人も含まれていることがわかる。しかしこの調査では，未実施者がなぜ未実施なのかを詳細に分析する視点は省略されており，「スポーツをしたいのに実践できていない人」と，「スポーツ実践の必要性を感じていない人たち」が混在し，「スポーツ未実施者」として一括りにされている可能性がある。このことから，第2期計画にもとづくスポーツの推進は，「スポーツを通じて幸福で豊かな生活を送る権利」を掲げながら，スポーツに興味関心のない人びとを含む「スポーツ未実施者」に対してもスポーツ実践を働きかけていることになる。

　そもそもスポーツへの参加は「自由意志による任意の活動」[日本スポーツ協会 2018]であり，スポーツ実践を促す合理的な理由があったとしても，スポーツをするか，しないかの自由は担保されるものである。第2章で見たように，

女性スポーツ発展の歴史は女性たちのスポーツする権利獲得運動と連動し，女性たちのスポーツする環境を良好なものに変えてきたと言える。いっぽう，女性のスポーツ・運動実践の促進に重点を置いている「スポーツを通じた女性の活躍促進」施策は，スポーツをしたくない，必要性を感じていない人にも「スポーツをせよ」と働きかけ，スポーツへの参加に対する自由を想定していないどころか，スポーツ実践に至らない女性たちの環境や状況を十分に考慮せぬまま運動実施率の低い女性を問題視しているかのように映る。この点からも歴史的に主張されてきた女性のスポーツする権利と「スポーツを通じた女性の活躍促進」の中身は，同じ「女性」「スポーツ」という言葉を使用していても異なるものであると認識する必要があるだろう。

　つまり，女性のスポーツ・運動実施率の向上を目指す施策は，なぜ性別による実施率の差が生じ，その差はどのような問題を含意しているのかという議論を棚上げすることで，実施率の低さを「女性固有の」，すなわち，「女性たち自身の問題」，「女性たちの努力次第」と論点をすり替えてしまう危うさをはらんでいる。またこれまで，女性たちをスポーツから周縁化する状況が作られてきたにもかかわらず[3]，そのことは不問にしたまま「スポーツ未実施者」の女性にスポーツ・運動実践を迫る施策は，「女性活躍」が経済戦略の中核的施策として登場してきたことからも，スポーツ市場の拡大や経済活性化のために女性をターゲットにしていると理解することもできよう。さらに，運動実施率という数値上の男女差を是正すべき課題のように扱う第2期計画は，その男女差を「ジェンダー格差」とし，女性のスポーツ・運動実施率を「男性並みに」引き

---

[3]　2019年に株式会社バンダイが実施した「子供の習い事に関する意識調査」（習い事をしている3〜6歳の未就学児と小学生の子供を持つ親700名を対象におこなった調査）によると，男児の習い事トップ5に水泳，サッカー，体操・新体操の3種目が入っているのに対し，女児の場合は水泳の1種目のみであった。習い事を始めた時期は小学校入学前が5割ともっとも高く，そのきっかけは親の意向が6割であることも明らかになっている。この結果は一例に過ぎないにしろ，親や周囲のおとなたちの性別固定観念が幼少期の子供の身体活動（に対する考え方）に影響を及ぼしていることは否めない。未だおとなしく，従順であることを「女性」のステレオタイプとして内面化せざるをえない状況がある中で，成人した女性がスポーツ実践に至るようになるまでには，何らかの大きな動機づけが必要であると思われる。（https://www.bandai.co.jp/kodomo/pdf/question252.pdf）（2020年3月13日閲覧）

上げることが「ジェンダー平等」の達成であると読み替える懸念すらある。これがまさに，申が指摘した「ジェンダー平等の意味合いをめぐる多様な勢力間の競合」［申 2015：1］と言える現象なのだ。

④ 「ジェンダー平等推進」をめぐって

　男女共同参画社会基本法は，「女性問題の解決や女性の地位向上への対応のみならず，男性も含めてすべての人びとが社会的・文化的に形成された性別（ジェンダー）に縛られず，個性にもとづいて共同参画する社会の形成を要請」するものであり，「ジェンダーに敏感な視点をあらゆる分野に定着・進化させ，また，あらゆる分野の政策・施策の実施主体がジェンダーに敏感になる「ジェンダーの主流化（gender mainstreaming）」を目指すもの」（「男女共同参画計画策定の意義」，P. 5）と謳われている。しかし先述の申琪榮が指摘するように，国連を中心に広がったジェンダーの主流化は，日本においてはジェンダー平等を推進する政策的な取り組みへの批判やバックラッシュを顕在化させ，経済的効率性を優先する保守政権のもとで伝統的なジェンダー規範が強調される傾向にあった［申 2015：1］。これは，男性身体との差異として「女性特有の身体」が強調されている点や，女性アスリート支援が出産・育児支援に限定的である点など，「スポーツを通じた女性の活躍促進」にも異性愛にもとづくジェンダー規範を確認することができた。

　そもそも「ジェンダー」をめぐる概念の使用は，分脈や使用する者によって多岐にわたることが指摘されており［江原 2007］，国連や IOC などの国際機関が主導しているジェンダー平等をめぐる施策も，社会・経済状況に応じてこれまで変遷してきた［Engberg-Pederson et al. 2020］。したがって，国際機関が加盟国等に推進を求めるジェンダー平等施策に対してもクリティカルな視座を向ける必要があり，西洋のキリスト教的規範がスポーツを通じてアジア諸国に持ち込まれた歴史を鑑みれば，スポーツ政策におけるジェンダー平等推進に対しても，より注意深くそのポリティクスを読み解く必要がある。

　スポーツにおけるジェンダー平等推進は，国連の UN Women や SDGs（持続

可能な開発目標），それらと連動する IOC のオリンピック・アジェンダ2020（2014年），IOC ジェンダー平等再検討プロジェクト（2017-2018年）などを通じて，加盟国や各国オリンピック委員会にはたらきかけがおこなわれている。国際ワーキンググループ（IWG）も，1994年から４年に一度，世界女性スポーツ会議を開催し，ヘルシンキの会議（2014年）で採択された「ブライトン・プラス・ヘルシンキ2014宣言」は，2017年に日本の主要なスポーツ統括団体でも署名されたことはすでに述べた。

　グローバルなジェンダー平等推進は，スポーツ文脈においても日本の課題を国際基準で比較し，施策を推進するための「追い風」になると評価される一方で，ジェンダー平等を推進するグローバル・ガバナンスであっても資本主義経済やそれにもとづくパワー・ポリティクスから逃れることは難しい。

　グローバル・ガバナンスの中でも国連を中心とするジェンダー平等の推進は，「国際関係に権力政治を超える視点」［大芝ら 2018：52］をもたらすものと考えられる。その一方で，グローバル化から生じる諸問題に対応するための国際秩序の政策論には，「自分たちにとって，役に立つことは正しいことで，他の国々や人びとにとっても正しいことだ」とする権力やヘゲモニー側の思考も常につきまとう［グローバル・ガバナンス学会 2018：57］。したがってグローバルな「ジェンダー平等」を標榜する施策も，権力やヘゲモニー側の思考から免れることはなく，いわば，「学び知ったことを忘れ去る」（Unlearn）実践[4]が求められるだろう。以下に，「開発と平和のためのスポーツ（Sport for Development and Peace：SDP）」を例に，グローバル・ガバナンスのジェンダー平等推進の課題についてまとめる。

　野口亜弥ら［2020］は，その政策的変遷の詳細を時系列にまとめ，スポーツ活動の中に開発目標を含める "Sport plus development" のアプローチと，開発，協力，人道支援の手法としてスポーツを活用する "Development plus sport" の両方のアプローチから，女性とスポーツ政策に関する今後の展望について言及

　4）　ポストコロニアル批評家ガヤトリ C. スピヴァクが提唱した概念。知識人は，歴史的に周縁化されてきた人びとの声を聞き取り，第三者に代弁しようとするが，その特権を自覚するためには，自ら学び取ったものを忘れ去ること（Unlearn）が必要である。これは「知」と「権力」が共犯関係にある構造を脱構築していく実践でもある。

している。すなわち，スポーツ政策における「女性」を考える際に，女性だけを焦点化した Women in Development（WID）の視点では十分ではなく，女性が直面する課題を既存の権力関係や制度そのものを見直す Gender and Development（GAD）の視点から捉える必要性があるという。また SDP のように，女性を取り巻くさまざまな社会課題を克服するために，スポーツを活用していく視点の重要性についても指摘している。

　国連が提唱するジェンダー平等施策をスポーツ政策に積極的に導入し，女性が直面する課題を既存の権力関係や制度そのものを見直す Gender and Development（GAD）の視点から捉える必要性を訴える野口らの立場は，日本の女性スポーツ政策が未だたどりついていない重要な指摘ではある一方，女性を取り巻くさまざまな社会課題を克服するために，スポーツを活用していくとする指摘にはやはり注意が必要である。

　その理由としてまず挙げられるのが，「北側」，すなわち西洋英語圏のロジックがそのまま非西洋，非英語圏に用いられることへの懸念である。スポーツ，開発，ジェンダーをめぐるスポーツ政策に関しては，「南側」「途上国」にいる女性たちの多様性が配慮されず，コミュニティに根ざした女性たちの生活に対する想像力を欠いた「北側」の政策立案者の解釈にもとづいたプログラムの制作・実践がこれまで多くの研究者から指摘されている［Santos 2012; Hayhurst 2011; Hayhurst and Giles 2013; Kanemasu and Molnar 2017; El-Morally 2018 など］。たとえば「北側」の政策立案者たちは，「南側」「途上国」の女性たちを，家事や育児の担い手として社会から周縁化されていると解釈し，彼女たちがスポーツを通じて活動的になることにより「変化を促す」という目標に固執する傾向にある。しかし，家族やコミュニティ，教会などの共同体の力学と責任のなかに生きている「南側」「途上国」の女性たちは，そこから社会的保護を受けている場合もあり，「北側」の解釈で見過ごされてしまう点が多分に存在する［Jolly et al. 2015］。

　また SDP プログラムのガイドラインを作成する際，政策立案者は制度化されたさまざまなガバナンスの要求に対応しなければならず，明確で測定可能な結果を示す必要がある。このような背景のもとでおこなわれる戦略的な選択は，政府の優先事項や説明責任の基準を反映した政策を生み出すが，必ずしも

SDP 参加者が現場で置かれている状況を反映しているわけではない［Henne 2017；El-Morally 2018］。

　さらに，開発文脈のみならず，女性のフィットネス・運動を推進することで，女性の健康とエンパワーメントが促進されるとする仮定そのものが，すでにイデオロギー的であるとする指摘もある［Henne and Pape 2018：220］。それは女性身体を普遍的に捉える見方を露呈するが，これは女性アスリートの性別判定の基準・規定そのものが，多様なあり方を無視し人種差別的であることとも関連する。また，フェミニズムの中で使用されてきた「エンパワーメント」という概念も，スポーツによって必ず保証されるものではないにもかかわらず，新自由主義的な開発文脈で多用されることにより，女性たちを貧困化し抑圧する権力構造が見逃され，女性たち個人の変化にのみ注目しがちになる［Shain 2013；山口 2014；Henne and Pape 2018など］。

　以上のように，グローバル・ガバナンスが主導するスポーツを通じた開発分野におけるジェンダー平等推進の批判的検討から，「北側」の「ジェンダー平等」の概念が必ずしも「南側」「途上国」の女性たちの生活や価値観に符合するものではないことがわかる。また今日においては，欧米を中心に創られたスポーツがグローバルに広がってはいても，スポーツに対する考え方，身体に対する考え方や感じ方は国や地域によって異なり，「スポーツ自体の文化的解釈や意味を批判的に検討することなく，開発の不平等を是正する文化的手段としてスポーツを位置づけるだけでは不十分」［Darnell 2012］であると言えよう。この指摘は，開発文脈以外のグローバル・ガバナンスによるスポーツのジェンダー平等推進施策（たとえば「IOC ジェンダー平等再検討プロジェクト」など）にも当てはまる。

おわりに

　「女性」を対象とした「スポーツを通じた女性の活躍促進」は，女性の身体解放やジェンダー平等の推進のように見えながら，市場拡大の一端として女性のスポーツ実践を促進し，「家事も育児もスポーツも」と，伝統的な性役割を

前提とする，新自由主義的な政策であることがわかった。ジェンダー主流化の施策はこれまで「女性」を中心に展開されてきたが，「スポーツを通じた女性の活躍促進」のように，「女性」を中心に据えた政策であっても，それが必ずしもジェンダー平等の施策とは言えず，また「男性並みに」運動実施率を引き上げることが「ジェンダー平等」と誤読される可能性も考えられ，「ジェンダー平等の意味をめぐる競合」は今後ますます煩雑化することが予想される。

　さらにスポーツは，身体を介して人間を規律化していく手段となり，同時に，欧米の価値観を持ち込むツールとしても活用されてきた歴史がある。競技の統一化によってもたらされたスポーツのグローバル化は，「世界規模でのスポーツ組織やスポーツ文化の統一化，共通化を促し，その結果として，地域的なスポーツの変容や国内のスポーツ政策に影響を及ぼし」てきた［斎藤 2015：43］。にもかかわらず，第2期のスポーツ基本計画や開発分野におけるスポーツを通じたジェンダー平等推進で見たように，スポーツ政策及びその立案者はスポーツを，社会的課題に対する「万能薬」のように意味づける傾向がある。パンデミックが猛威を振るうなか開催された東京2020大会で，「スポーツの力[5]」という文言がなんの躊躇いもなく（批判に晒されることもなく）多用されたことがそのことを物語っている。

　ジェンダー平等推進を掲げる人たちにおいても同様のことが言える。パンデミックによって雇用を奪われ，家を失くした女性たちと，スポーツ文脈のジェンダー平等推進を訴える人たちの立ち位置は，あまりにも大きく異なって見えた。「ジェンダー」の切り口でクリティカルに批判する人たちでさえ，国連やIOC のジェンダー平等施策には「錦の御旗」のように無批判であるのはなぜか。

　日本におけるスポーツ政策は，「女性」を対象とした施策だけを取り出してみても明らかなように，異性愛規範にもとづく身体観や，人びとが置かれている状況を顧みずにスポーツへと向かわせる価値観を内包していた。衣食住とは

5）　たとえばスポーツ庁のオリンピック・パラリンピック教育のサイトや，日経新聞の東京2020の時期に合わせて組まれた特集「スポーツの力」など。ちなみに日経新聞は東京2020の「オフィシャルパートナー」でもあった。（https://www.mext.go.jp/sports/b_menu/sports/mcatetop08/list/jsa_00030.html）（2022年7月20日閲覧）

異なり，あらゆる人びとの生活に直接的な関わりを持たないスポーツゆえに，その価値や意義を過剰なまでに見出し，「万能薬」として扱うことで思考停止している「スポーツ関係者」（研究者も含む）はあまりにも多い。

「スポーツとは何なのか」。この哲学的な問いが，政策策定の際に限らず，あらゆる場面，あらゆる人びとにおいて重要だ。それはまた，スポーツする権利を勝ち取ってきた「女性スポーツ」に携わる者においても然りである。「エンパワーメント」が，その意義や価値を共有されることなく新自由主義的なプログラムでしばしば用いられているように，「ジェンダー平等」という言葉も，誰によって，どのような目的で用いられているのかを見極め批評する力が，これまで以上に求められていることは言うまでもない。

引用・参考文献

上野千鶴子［2017］「特集　ネオリベラリズムとジェンダー」『ジェンダー研究　お茶の水女子大学ジェンダー研究所年報』お茶の水女子大学ジェンダー研究所，第20号，21-34。

江原由美子［2007］「ジェンダー概念の有効性について」『ジェンダー法・政策研究叢書第10巻　ジェンダーの基礎理論と法』辻村みよ子編，東北大学出版会。

大芝亮ほか［2018］『パワーから読み解くグローバル・ガバナンス論』有斐閣ブックス。

笠原一也［2015］「スポーツ政策」『21世紀スポーツ大事典』中村俊雄ら編集，大修館書店。

菊幸一［2010］「現代スポーツの公共性に関する文化社会学的研究」科学研究費補助金研究費成果報告書（https://core.ac.uk/download/pdf/56646644.pdf.）（2020年3月13日閲覧）

菊幸一ほか［2011］『スポーツ政策論』成文堂。

グローバル・ガバナンス学会［2018］『グローバル・ガバナンス学叢書　グローバル・ガバナンス学Ⅰ　理論・歴史・規範』法律文化社。

斎藤健司［2015］「スポーツ政策」『21世紀スポーツ大事典』中村俊雄ら編集，大修館書店，34。

塩田咲子［2000］『日本の社会政策とジェンダー──男女平等の経済基盤』日本評論社。

申琪榮［2015］「特集緒言「ジェンダー主流化」の理論と実践」『ジェンダー研究　お茶の水女子大学ジェンダー研究所年報』お茶の水女子大学ジェンダー研究所，第18号，1-6。

高峰修［2020］「東京2020オリンピック開催に向けたスポーツ政策における女性アスリートの身体──「女性特有の課題」としての生殖機能の保護と管理」『2020東京オリンピック・パラリンピックを社会学する──日本のスポーツ文化は変わるのか』日本スポーツ社会学会編集企画委員会編，創文企画。

棚山研ほか編［2020］『変容するスポーツ政策と対抗点──新自由主義国家とスポーツ』創文企画。

野口亜弥，小笠原悦子［2020］「研究資料　2000年以降の日本における『女性とスポーツ』に関する政策的変遷──女性活躍の推進に関する政策と東京2020オリンピック・パラ

リンピック競技大会開催の影響」『体育学研究』，65，日本体育・スポーツ・健康学会，349-366。

ヒューブナー，シュテファン［2017］『スポーツがつくったアジア——筋肉的キリスト教の世界的拡張と創造される近代アジア』一色出版。

森川貞夫［2015］「スポーツ政策」『21世紀スポーツ大事典』大修館書店，40。

山口理恵子［2014］「「エンパワメント」——その使用を思いとどまらせるものについての考察」『スポーツとジェンダー研究』，12，日本スポーツとジェンダー学会，138-146。

Darnell, S. [2012] *Sport for Development and Peace: A Critical Sociology.* Bloomsbury Academic.

El-Morally, R. [2018] "Why a Post-Colonial Perspective is Crucial in Mainstreaming Gender: An Analysis of the Gender and Class Inequalities Reproduced by International Development Programs." *ResearchGate.* 8-11.

Engberg-Pederson, L., et al (Eds.) [2020] *Rethinking of Gender Equality in Global Governance: The Delusion of Norm Diffusion,* Palgrave Macmillan.

Hayhurst, L. M. C. [2011] "The Corporatization of Sport, Gender and Development: Postcolonial IR Feminisms, Transnational Private Governance and Global Corporate Social Engagement." *Third World Quarterly,* 32(3), 531-49.

Hayhurst, L. M. C., MacNeill, M., and Frisby, W. [2011] "A Postcolonial Feminist Approach to Gender, Development and EduSport." In B. Houlihan and M. Green (Eds.), *Handbook of sport development,* London, UK: Routledge. 353-365.

Hayhurst, L. M. C., and Giles, A. [2013] "Private and Moral Authority, Self-Determination, and the Domestic Transfer Objective: Foundations for Understanding Sport for Development and Peace in Aboriginal Communities in Canada." *Sociology of Sport Journal,* 30(4), 504-519.

Henne, K. [2017] "Indicator Culture in Sport for Development and Peace: A Transnational Analysis of Governance Networks." *Third World Thematics,* 2(1), 69-86.

Henne, K., and Pape, M. [2018] "Dilemma of Gender and Global Sports Governance: An Invitation to Southern Theory." *Sociology of Sport Journal,* 35, 216-225.

Jolly, M., Lee, H., Lepani, K., Naupa, A., and Rooney, M. [2015] "Falling through the Net? Gender and Social Protection in the Pacific." *UN Women. Progress of the World's Women,* 2015-2016.

Kanemasu, Y., and Molnar, G. [2017] "Double-Trouble: Negotiating Gender and Sexuality in Post-Colonial Women's Rugby in Fiji." *International Review for the Sociology of Sport,* 52(4), 430-446.

Palmer, C. [2013] *Global Sports Policy.* London, UK: Sage.

Santos, B. S. [2012] "Public Sphere and Epistemologies of the South." *Africa Development,* 37(1), 43-67.

Shain F. [2013] "'The Girl Effect': Exploring Narratives of Gendered Impacts and Opportunities in Neoliberal Development." *Sociological Research Online,* 18(2), 9.

第7章

女子サッカーにおける「メンズ」文化

はじめに

　2021年7月に開催された東京オリンピックには，史上最多，少なくとも185人の「LGBTQアスリート」が参加したとされる[1]。2016年の前回もまた「史上最多」とうたわれた大会であり，オリンピックにおける「性の多様性」は，近年のLGBTQ主流化とよばれるグローバルな潮流にのったものとみることができる。開催国となった日本でも主要メディアが「LGBTQアスリート」に着目した報道が散見され，2021年9月にNHKのニュース番組内で「スポーツにおけるセクシュアル・マイノリティ」が特集されたのもその一部といえるだろう。同特集では，東京オリンピックに出場した選手以外にも，第4章でとりあげた下山田志帆ら女子サッカー選手がクローズアップされた。東京オリンピックに参加した「LGBTQアスリート」の内訳を種目別にみるともっとも多いのが女子サッカーで，その数は40人を超えるという[2]。

　東京オリンピックで優勝した女子サッカーカナダ代表には，大会史上初めてトランスジェンダーであることを公表した選手の1人として知られる，クインが所属している。クインは2020年9月，自身のInstagramアカウントから自身のジェンダー・アイデンティティについて公にした[3]。選手登録名を「レベッカ・クイン」からファーストネームを除いた「クイン」に変更し，代名詞「she/her」ではなく「they/them」の使用をメディアに求めるなど，二元論的な

1）　Outsports. com（https://www.outsports.com/olympics/2021/7/12/22565574/tokyo-summer-olympics-lgbtq-gay-athletes-list）より（2021年9月19日閲覧）。
2）　Outsports. com（https://www.outsports.com/2019/6/11/18660301/out-gay-lesbian-bi-2019-women-world-cup-soccer）より（2021年9月19日閲覧）。
3）　クイン thequinny5 による Instagram 投稿 https://www.instagram.com/p/CE42Vt6Jje4/?utm_source=ig_web_copy_link より（2021年9月19日閲覧）。

図 7 - 1 ：東京オリンピック（2020）サッカー女子決勝戦でのクイン
写真提供：フォート・キシモト

「男 / 女」のいずれにもあてはまらないジェンダー・アイデンティティをもつ
ノンバイナリー[4]としての自己を社会に認知させつつある。元日本女子代表の
横山久美もまた，ソーシャルメディアを通じて自身がトランスジェンダーであ
ると公表した。YouTube で『横山，カミングアウトします』と題した動画が公
開されたのは2021年 6 月のことである[5]。

　クインや横山が2021年現在プレイするナショナル・ウィメンズ・サッカー
リーグ（NWSL）は，トランスジェンダーの選手に関するポリシーを公開して
いる。「競技における公平性の維持とすべての選手にとって安全で差別がない
インクルーシブな環境を両立するための[6]」ポリシーは，出生時に「女性」の
性別が割り振られた選手について，現在その性別に対する違和感や拒否感の有
無に関わらず，つまりトランスジェンダーであれシスジェンダーであれ，明確
なルールのもとで試合に出場する資格を認めている。各チームの公式ウェブサ

....

4 ）　第 8 章注 4 ）参照。
5 ）　YouTube 動画『横山，カミングアウトします』（https://youtu.be/eUzd3Qf9N4Y）より
　　（2021年 9 月19日閲覧）。
6 ）　NWSL 公式ウェブサイト Rules and Policies "NWSL Policy on Transgender Athletes"
　　（https://www.nwslsoccer.com/rules-and-policies）より（2022年 7 月18日閲覧）。

図7-2：EAFF 女子東アジアカップ2015決勝大会での横山久美
写真提供：長瀬友哉／フォート・キシモト

イトには，選手紹介にジェンダー代名詞（pronouns）の項目があり，クインと横山は「they/them」と表記される。このことから，NWSL がトランスジェンダーの参加を認めるにとどまらず，具体的にどのように包摂していくかという課題に，組織として取り組んでいることがわかる。

　こうした事例を概観したとき想起されるのは，「男／女」の性別二元制におさまらないアスリート表象がスポーツにおける「好ましい多様性」を代表し，それを推進する女子サッカーのイメージが広く共有される可能性である。しかし日本では，ジェンダー・アイデンティティとジェンダー表現の多様なあり方や，それらにもとづく差別の問題についていまだ理解が進んでいるとは言えず，したがって，現状において女子サッカーがそのようにポジティヴな社会的機能を果たしているとは解釈しがたい。横山はアメリカのチームへの移籍を契機としてジェンダー・アイデンティティの公表に至ったが，日本ではクローゼットの中にいたのであり，先の「カミングアウト動画」では，日本での横山と同様に「隠している人たち」の存在についても言及されている。しかし同時にいえるのは，日本の女子サッカー界には，規範的なジェンダー表現からの逸脱がみられる選手に対して寛容ともいえる側面があったということである。それは，トランスジェンダーや LGBTQ などの言葉が広く知られるようになる前から，

「男っぽい」，「ボーイッシュ」などと形容される選手が周縁化されず継続的に一定の層をなしていたことに見いだせる。そうした選手たちの多くは「メンズ」と呼ばれ，女子サッカー界ではめずらしくない存在である[7]。

　以上を背景とし，本章は，日本の女子サッカー界における「メンズ」文化に着目し，これについて論じる。「メンズ」と呼ばれ，「メンズ」の名付けを引き受けた女子サッカー選手は，ジェンダーをめぐってどのような経験をしたのか，ジェンダー・アイデンティティをどのように認識したのか，そこでは「スポーツ」や「女子サッカー」はどのようなかかわりをもつのか。「メンズ」とはどのようなカテゴリーなのか。こうした問題関心から，かつて「メンズ」と呼ばれた4人の元女子サッカー選手，および第4章にも登場した現役女子サッカー選手の下山田志帆にインタビューをおこなった。その結果にもとづいて考察していく。

① 「女子サッカー」に付与された文化的な意味

　前節であげたジェンダーをめぐるある種の寛容さや先進性とは裏腹に，歴史的にみれば，むしろ女子サッカーは男性中心主義と異性愛主義の強い影響を受けてきた種目である。比較的早期から女性によるサッカーがおこなわれていた西欧で，「サッカーする女」にはネガティヴな意味が付与されてきた。そこにはスポーツがそもそも「男らしい男」を育成するための文化であったことが関係する[8]。女性がスポーツで競い合ったり自身の競技パフォーマンスを高めるべく熱意を注いだりすることはそもそも想定されておらず，女性たちは抗議の声を上げることや文化的政治的な闘争を通じて，スポーツをする機会や競技会に参加する機会を徐々に獲得した歴史がある[9]。そのなかで，激しいボディコ

7）　サッカーだけではなく他の種目でも「メンズ」カテゴリーは存在するようである。ただし具体的な対象や用法については種目によって異なる可能性もあり，本章ではあくまでサッカーに限定して論じることとする。

8）　詳細は第1章を参照のこと。

9）　詳細は第2章を参照のこと。

ンタクトをともなうサッカーは女性の参入を拒み、「男のスポーツ」であり続けた。イングランドサッカー協会は、「女性にふさわしくない」との理由で1971年までの50年間女子サッカーの組織的な活動を禁じ、ドイツやオランダの協会もそれにならっている。男性中心主義の価値体系においては「良妻賢母型」種目だけが認められ、労働者階級の女性たちによって男子と同じルール、同じユニホームでプレイされた女子サッカーは「女性らしさを損なう」とされたのである［池田 2015］。女性が男性中心主義の価値体系が築いた「女性にふさわしいスポーツ」の囲いから脱することは、抵抗する意思の有無にかかわらずジェンダー規範に対する異議申し立てとなりうる。そのうえサッカーウェアを着て「女としての魅力」を損なうことを気にしない女性たちは、男女の二元論にもとづく異性愛規範からの逸脱者、つまり「レズビアン」に違いないとされ排除の対象となることもあった。

　日本では、女子サッカーの競技としての制度化や組織化のおもな動きは、1980年代以降にみられる。現在の WE リーグおよびなでしこリーグの前身となる日本女子サッカーリーグは1989年に開幕し、将来性や国際的な競争力を見込まれた女子サッカーは、好景気下の大企業による支援のもとで発展した。また、1981年に選抜チームとして初めて結成された女子日本代表は、当初こそ国際試合への遠征費用に苦慮するなどの困難があったものの、イングランドのように協会による「禁止」を経験することもなく、2011年には FIFA 女子ワールドカップでの優勝を果たした。2000年代以降は協会内に女子部門が設けられ女子に特化した事業計画が推進されるなど、サッカー界における一定のポジションを確保している。こうした変遷から、日本の女子サッカーは「男性社会」のなかでも順調に発展したかのようにみえる。しかし実際のところ、運営や普及・強化にかける資金面を含む物的人的資源のジェンダー格差は歴然としており、さらにいえば制度面での明示的な排除がみられないということは日本で「サッカーする女」が困難を経験しなかったことを意味するわけではない。試合球の大きさや試合時間などに「女子用」ルールが適用され「正式な」サッカーとは区別されていた女子サッカー黎明期、バブル崩壊によるスポンサー企業撤退のあおりを受けた時期、代表が低迷するなかでのプロリーグ設立に向けた近年の動向など、それぞれにおいて「壁」は存在した。サッカーに限らず、

日本の女性アスリートは，メディアからは異性愛的な「女としての魅力」を求められると同時に，競技の現場では恋愛や性愛そのものから遠ざけられてきた［井谷 2021］。異性愛中心主義と男性中心主義につらぬかれたスポーツ界において，女性たちが個々の現場で機会やネットワークや資源を獲得してきたプロセス，求められたイメージに当てはまればアスリートではなく「女」としてみられ，当てはまらなければ「魅力に欠ける女」とジャッジされるメディア表象の蓄積，それらは日本の女子サッカーにおけるジェンダーとセクシュアリティの現在と無縁ではない。次節で示す女子サッカーの「メンズ」文化は，そうした環境のなかでうまれた。

② 女子サッカーにおける「メンズ」文化

先述のとおり，「男っぽい」や「ボーイッシュ」などと形容される女子サッカー選手の「男らしさ」は，しばしば「メンズ」というカテゴリーと結びつけられてきた。ただし実際に「メンズ」のありようを概観すると，見た目やふるまいだけではなく「恋愛対象が女性」であることも重視されることがわかる。海外チームでのプレイ経験もある女子サッカー選手の下山田志帆によれば，「メンズ」であることが自己の性のあり方を認識する際にもっともしっくりきたという[10]。「メンズ」と呼ばれる存在を知った小学生時代の経験について，下山田は次のように語る[11]。

> そうですね。初めて知ったのは，たぶん小学 5 年生か 6 年生ぐらいのとき。当時トップチーム，いわゆる大人のチームの人数が少なくて，小中学生の選抜された子たちが入ってたんです。私も小学生ぐらいのときからトップチームの選手と関わってるなかで，「あれ？なんかメンズって呼ばれてる大人がいて，チーム内

10） 渋谷男女平等・ダイバーシティセンター〈アイリス〉（2019 年 9 月 14 日・22 日）『渋谷からガラスの壁を壊そう！ スポーツとジェンダーの平等』（https://logmi.jp/business/articles/321931）より（2021 年 9 月 19 日閲覧）。
11） 以下は第 4 章に記載したものと同じインタビュー（2021 年 6 月 3 日に実施したオンラインインタビュー）の文字起こしからの引用である。

でお付き合いしていて，すごい楽しそうだな」みたいな。そういうのを自分ごと
として見るっていうよりは，人ごととして見てはいました。たまたまかもしれな
いですけど，すごいサッカーが上手な方がメンズだったんですよね。すごくその
方もチーム内で信頼があって，人気があって。私たちの世代からしても，「何々
さんかっこいいよね」みたいな受け取り方でしたね。

　当時所属していたクラブチームのメンバー同士が「お付き合い」しているこ
とを知った状況として語られている上記のエピソードには，否定的な要素はみ
られない。チームにいた「メンズ」は，下山田にとって「かっこいい」人であ
り，チーム内で信頼され人気のある人であった。ただし，この時期はまだ「メ
ンズ」であることは「ひとごと」であり，「自分ごと」としての「メンズの」
経験までにはさらに数年を要する。

　　中学3年間は，自分が「メンズ」だって認められなかった時期でした。ってい
うのも，周りの友達がいわゆるフェミニンな友達が多かったので。「メンズ」イ
コールものすごく変みたいな感覚がとても強くて，悩んで。高校は女子高に入っ
たんですけど，そこでは「メンズ」があたりまえだった。むしろ，フェミニンな
子たちよりもボーイッシュな子たちのほうが人気があって，やっと居場所をみつ
けたみたいな。自分だけが変だと思ってたのが，「あ，けっこう普通にいるん
じゃん」と思ったときに，初めて自分ごと化したなと思ってます。

　　みんな恋愛ごとが早くて，ギャルになっていって，そのなかで，なんかついて
いけないなという感覚があった。だから，サッカーのときも普段の生活も，なん
かこう，フェミニンでいなきゃいけないのかな，みたいな自分でした。

　小学生のときは「メンズ」についてポジティヴな印象をもっていたという話
に続けて，中学校では周囲の人間関係の影響で「ものすごく変」というイメー
ジに変わってしまったことが語られた。周りの「みんな」が異性愛に関心を向
けるなかで，中学生の下山田は「なんかついていけないな」，「フェミニンでい
なきゃいけないのかな」と感じていた。しかし高校では状況が一転し，自分と
同じようにボーイッシュな子が「けっこう普通にいる」と知ったことで，自分
は「メンズ」なのだと認識するようになったという。

このように，一般的には「レズビアン」あるいは「ボーイッシュな女性」と解釈されるところ，あえて「メンズ」というカテゴリーで認識されるのは，どのような人びとなのだろうか。「メンズ」としてどのような経験をし，そこにサッカーの環境はどのようにかかわっていたのだろうか。これらの問いを明らかにするため，20代後半から30代前半の元女子サッカー選手（大野，田島，伊藤，竹内，すべて仮名で表記）4人を対象としたインタビュー調査をおこなった[12]。

（1）サッカーキャリアと「メンズ」との出会い

　大野は幼稚園の頃からボールを蹴り始め，小〜中学生のあいだは地元クラブチームで男子に混ざってプレイした。全国大会での優勝経験のある高校にサッカー推薦で進学，大学にもサッカー推薦で進み，卒業後はなでしこリーグでの数年間を経て引退した。現在は，性別適合手術やホルモン治療を経て男性として生活している。「手術をすれば男性になれる」と知るのは大学に入ってからであり，それまでは「女の子」として扱われることへの違和感や嫌悪感をおぼえ，「自分はどっちなんだろう」と悩んだ時期もあったという。その過程で，高校生の大野は「メンズ」に出会う。

> 大野：高校生になってからですね，「メンズ」っていう，そういう言葉が出てきたのは。先輩とかにそういう人はいましたし，自分らの学年にもいました。
> 著者：「メンズなの？」とか「誰々がメンズだよ」って，はっきりと話したりすることはありましたか。
> 大野：そのへんは，もうニュアンスになってたんで。気が付いたときにはもう知ってたという感じですかね。高校2年生くらいのときかな。いつの間にかという感じですよね，こういうのが「メンズ」なんだっていう認識は。やっぱりボーイッシュな恰好だったり，しぐさだったりとか。あとはお付き合いしている対象が女性で，という人間を，たぶん「メンズ」って呼ん

---

12) 共通の知人を介して4人別々にアポイントメントをとり，2021年6月から7月にかけてZoomを使って各1時間程度の半構造化インタビューをおこなった。本章で引用したインタビュー内容は，Zoomの録画機能によって記録された音声データを文字起こししたものである。4人に対してほぼ同じ質問を用意しているが，話の流れに応じて質問の順番や同じ質問が出る際の文脈が異なる場合もあった。

でたのかな，みたいな感じですね。

　安心感みたいなのはあったんじゃないですかね。少なからず同じような，似たような子たちがいたことによって。だから居心地がよかったのかなとも思うんですよ，女の子のチームだったとしても。

　田島もまた幼稚園の頃からボールを蹴り始め，小学生の頃は男子ばかりの地元サッカーチームでプレイした。中学進学時に全国レベルの強豪クラブのセレクションを受けて合格し，サッカーの練習とグラウンドまでの移動に時間を費やす3年間を過ごす。その後，全国大会での優勝経験のある強豪校にサッカー特待生として入学し，卒業後は大学女子サッカー部での活動を経て，なでしこリーグを含む数チームでプレイしたのち，引退した。現在は，性別適合手術を経て男性として生活している。「女の子」として扱われることへの違和感や，女の子らしい服装や髪型を求められることへの反発を感じながら幼少期を過ごした田島は，高校生になってから乳房切除手術のことを知った。手術の想像から「胸を取る＝男になる」というイメージをもつことで，初めて「あ，自分それだ，とピーンときた」と同時に，それ以前から自覚していた女性への恋愛感情は「異性愛なんだな」と感じたという。田島が自己を「メンズ」と認識したのは，こうした経験をした時期においてである。

田島：なんて言うんですかね，「メンズ」の言葉とか文化が女子サッカー界のなかで馴染み過ぎて，いつ入ってきたかっていう記憶が曖昧なんですよね。……あと中学のときは，チームの特徴があったので，私が知らなかったのかもしれないです。対戦相手が大人だったりとか，違う地域から集まって練習してるので。あのなかで普段，恋愛の話とかするかっていうと，たいしてしなかった。サッカーだけするのに集まって戦うので。そこにメンズ文化は正直，入ってくる隙がなかったっていうのはあります。

著者：「メンズ」について最初に意識したときは，この子「メンズ」だなっていう選手が同じチームにいたんですか？

田島：同じ高校にもいましたし，違う学校とか違う地域のリーグに。自認とかは別として，ボーイッシュで男の子っぽくて，女の子が好きなんだなっていう子たちがたくさんいるっていう認識は，もう全然ありました。そういう

ボーイッシュ同士でめちゃめちゃ仲良くなって，その後ずっとお付き合い
があったんで。まあ，お互いに同じなんだろうなっていうのは分かって
たっていう感じですね。

著者：「メンズ」かどうか，どういうところで判断されてると思いますか。

田島：大学とか高校とかでもそうですけど，けっこう普通にみんな聞いてたと思
　　　います。「女の子好き？」，「彼女いるの？」とか直接聞いてたり。「好きな
　　　人誰？」みたいな感じで聞いて，その答えが「誰々ちゃんだよ」だと，あ
　　　あ「メンズ」なんだなみたいな認識なんで。

著者：「メンズ」の田島さんにとって大学の女子サッカー部はどんな環境でした
　　　か？

田島：居心地めちゃめちゃ良かったと思います。うちの大学めちゃめちゃ言いや
　　　すい環境だったと思うんですよ。なので，後輩とかで性別変えてるのもポ
　　　ンポンいますね。わりと監督も，べつにサッカー頑張ってくれればいい，
　　　その人の人間性がすごく大事って思ってくれてる監督だったし，仲間もそ
　　　ういう考え方だったんで，そこに対してなんか言うとかも一切ないですね。

　伊藤は，10歳のとき友達に誘われて小学校の女子サッカー部に入部した。
中学から高校までは地元のクラブチームを中心に，大学では女子サッカー部で
活動する。在学中にアメリカの大学チームからのスカウトを受けて留学し，卒
業後は国内のチャレンジリーグで数年間プレイしたのち，引退した。現在は性
別適合手術とホルモン治療を経て男性として生活しているが，自分の「性別と
向き合う」ために知識を収集しはじめ，その過程で手術のことを知ったのは大
学卒業後だという。したがって，伊藤が「メンズ」を知った頃は以下の語りに
あるとおり，ジェンダー・アイデンティティが定まらず，「性別と向き合う」
ための知識をもたなかった時期にあたる。

　伊藤：大学でやっぱり男の子っぽい女の子が「メンズ」って言われてるのを見た
　　　り，自分も「メンズ？」みたいな感じで聞かれるようになったり，「メン
　　　ズ」ってどういうこと？って思いながら，なんとなくの理解で過ごしてま
　　　したね。初めは「なんだろう？」って思いながら，「メンズ」って言われ
　　　ることがあんまり嬉しくはなかったですね。……やっぱりそのとき自分の

性別についてまだ向き合えてなくて，自分がなんなのかも分からず，勝手に他人から当てはめられる感じで居心地はよくなかったかなっていう印象です。

著者：じゃあそこから，「メンズ」って呼ばれることを受け入れるようになったのは。

伊藤：「メンズ」っていうと，そのときは男の子っぽい子，女の子と付き合う子みたいな感じで勝手に解釈してたんですけど，やっぱり「メンズだよ」っていうことで難しい説明とかが省けるかなって，すごい便利な言葉やなと思って受け入れていきましたかね。

　竹内は，8歳のときに兄の影響で地元のスポーツ少年団に入り，男子が大半を占めるチームでサッカーを始めた。中学では女子のクラブチームに所属し，競技志向のもとでサッカーに没頭する。高校で所属した女子サッカー部では全国大会にも出場し，サッカー推薦で大学に進学後，在学中にアメリカの大学チームからのスカウトを受け，留学する。卒業後は海外チームやなでしこリーグを含む国内の数チームでプレイしたのち，引退した。大学時代に性別適合手術のことを知り，自分は男性ではないかと考えたこともあったが，現在は「たぶん自分は女性ではない」と感じている「FTX」を自認している。

　　竹内：大学に入るのがきっかけだったと思うんですけれども，「メンズ」って言葉があるらしいよって言われて，「メンズ」ってなに？っていう流れから知ったのが経緯だと思いますね。大学サッカーに入ると「おまえはメンズか」って聞かれるって言われて，そうなんだって。

　　著者：周りからみて「メンズか」って聞かれるかもしれない部分があったんですかね，竹内さんに。

　　竹内：そうです。自分自身はずっとその言葉を知らなかったとしても，「メンズ」としての生き方っていうのかな。で，ずっとやってきたので。小学も中学も高校も髪は短かったし男の子っぽかったとか，そういう「メンズ」の概念に当てはまる人物像ではあったと思います。

　竹内は大学に入るまで「メンズ」という言葉を知らず，大学女子サッカー部

の一員として活動するなかで，他人からみて「男の子っぽい」自分は「メンズ」と呼ばれるのだと理解し，抵抗なく受け入れていった。「メンズ」という言葉を知る前の中学・高校時代をふりかえっても，「メンズ」に相当するメンバーは竹内の他にも複数いたという。

> 竹内：やっぱりふるまいとか，見ればわかるので。同じか，みたいな。なんだろうな，たとえば一般の方が女性を見たときにこの人女性，男性を見たときに男性って自然に思うような感覚で，自分たちは，この子が「メンズ」かみたいに察するって感じでしたね。自分の周辺には自分みたいな「メンズ」の子が多かったですし，「メンズ」がいてあたりまえって感じだったので，別に居心地の悪さとかは感じなかったですね。

　以上が，大野，田島，伊藤，竹内それぞれのサッカーキャリアの概要ならびに「メンズ」という言葉との出会いについての語りである。4人は小学生の頃から本格的にサッカーを始め，10代から20代のはじめまでサッカー漬けの毎日を過ごしてきた。なお，中学時代に学校の部活動ではなくクラブチームで場合によっては男子とともにプレイしているのは，日本の学校における女子サッカー部不足が反映された，典型的なキャリアである。そして4人は高校在学中から大学入学にかけて，つまり10代後半で「メンズ」という言葉と出会う。他人からの明確な説明があるわけでも，記憶に残る名付けや名乗りの瞬間があるわけでもなく，女子サッカーの集団において「男っぽい子」が「メンズ」と呼ばれるのだということ，さらに「メンズ」の特徴には「女の子と付き合う」といった恋愛要素が付随することを，いつの間にか知っているか，「なんとなく」学んでいく。そのカテゴリーに自分が当てはまるかどうかの判断，あるいは周囲が自分を「メンズ」と呼ぶことの受け入れ，「メンズ」の自認などのプロセスについて少しでも違和感があったことが確認されたのは，今回の調査のなかでは，伊藤のケースのみであった。

（2）周囲の反応，人間関係

　先述の下山田の事例において，中学時代はフェミニンな異性愛者ばかりの友人関係のなかで「メンズ」であることにネガティヴな印象を抱き，自己と「メ

ンズ」を重ねるには至らなかったという語りがあった。今回インタビューした
4人の語りに「メンズ」としての自己の受け入れにかかわるタイムラグはみら
れなかったが，「メンズ」らしい見た目や態度，あるいは「女性が好き」とい
うセクシュアリティについて，周囲からのネガティヴな反応はなかったのだろ
うか。「メンズ」が浸透しているサッカーの場と学校のクラスなどサッカー以
外の場で，ふるまいを「女らしく」あるいは「異性愛者らしく」切り替えるな
どしていたのだろうか。これらの点については以下のように語られた。

大野：自分の恋愛対象が女の子っていうのを言ったのも中学3年くらいのとき
　　　だったんですけど，同じクラスメイトの男女問わず，あまりびっくりした
　　　ような反応はなかったですね。

著者：サッカーとそれ以外の場で，周りとの付き合い方を変えてたりしますか。

田島：いや，もうまったく。女子スポーツがわりと強い高校だったんですよ。
　　　「メンズ」はサッカー部だけなんですけど，サッカー部以外の子も女の子
　　　だけどサバサバしてる子がめちゃめちゃ多かったんで。自分のキャラク
　　　ター性みたいなところでみんな仲良くなってたんで，環境的に，変える必
　　　要がなかったっていう感じです。

著者：じゃあ，クラスのなかで自分が浮いてる，みたいな感覚は。

田島：もう一切なくて。女の子が好きなのも全然隠したことがないんで。聞かれ
　　　て最初から言ってたし。運動神経だけしか取り柄ない，運動神経いいや
　　　つって，いじめに合ったりとか浮くとかってないじゃないですか。ムード
　　　メーカーになって明るいやつみたいな，そんな感じだったんで。わりとク
　　　ラスの中心で楽しく過ごしたって感じです。

伊藤：周りは自分のことを「ちょっと変わった人」みたいな感じで見てたとは思
　　　いますけど，でも小学校も中学校も友達はだいたい男の子で，男の子と遊
　　　んでたなっていう感じはあります。高校では女性っていう感じでふるまわ
　　　ないといけないし，制服も着てるので頑張って女性を演じてた感はありま
　　　すね。サッカーしてると，そういうのも関係なく気にすることもなくただ
　　　サッカーに没頭できたので，そういう意味では切り替えてたかなって思い
　　　ます。高校になってからは友達も女性でしたね。

竹内：やはりボーイッシュっていうのは変わらない。だけどサッカーやってる
　　　しっていう，ある意味理由があったので。なので，そこまで問題視される
　　　とかはなかったですね。ただ小学校のときは，一部の子からオトコオン
　　　ナって思われてたらしいです。小学校は高学年ぐらいまでずっと男の子と
　　　遊んでたんですけど，休み時間とかにある男の子から「女子なんだから女
　　　の子と遊びなよ」って言われたのをきっかけに，学校内では女子と過ごす
　　　のが多くなったかなって思いますね。

　ここではまず，田島と竹内の発言に注目したい。田島は高校で，恋愛対象が
女性であることや，ボーイッシュな見た目やふるまいを隠したり抑えたりする
ことなくサッカーの場と同様に過ごし，またそうしたふるまいが周囲に受け入
れられてきたという。これについて田島は，高校にスポーツ系の女性が多く
「サバサバ」していたこと，自身が「運動神経いいやつ」であったことが関係
していたと考えている。竹内は，「オトコオンナ」と言われた時期がありつつ
もボーイッシュな自分が周囲に受け入れられたのは，サッカーをやっていると
いう「理由」があったためだと考えている。このように，他者からみた「ジェ
ンダー規範から逸脱した女性」が，スポーツ経験を結びつけた解釈をとおして
理解され存在を承認されるあり方は，先行研究における次のような議論の裏づ
けともとれる。

　　　この言説作用はスポーツを媒介することで，女性のマスキュリニティが
　　　許容され，たとえばトランス男性や戸籍上女性であるXジェンダーの人
　　　たちが自分たちのジェンダーアイデンティティについて語ることなくマス
　　　キュリンな自己表現をする空間を生み出す可能性を示している。[井谷
　　　2021：95]

　田島と竹内の語りからは，周囲がそのように解釈しているというだけではな
くジェンダー規範から逸脱している本人も，自身をとりまく状況を「スポーツ
を媒介」して理解していることがわかる。ただしここではあくまでもジェン
ダー表現において「ボーイッシュ」であること，すなわち「女らしさ」から逸
脱していることが対象とされており，異性愛規範との関係において「スポー

ツ」がどこまで理解可能性を担保することになるかという点については，さらなる事例と考察を要するだろう。

「メンズ」自認の有無にかかわらず，ボーイッシュな見た目や態度にもとづく明確な排除や困難の経験，およびサッカー以外の場でのネガティヴな反応は，4人の語りにおいてはみられなかった。ただし，学校では「頑張って女性を演じ」てきた伊藤，周囲の指摘から学校では「女子としての自分」を意識させられ友人関係に変化がおよんだ竹内のように，「メンズ」らしさをシームレスに維持することが容易であったとはいえないようである。それでも，そうした経験が「辛かった過去」という文脈では語られなかったのは，それぞれにとって，サッカーにかかわる時間や人間関係の比重が大きいためだと考えられる。サッカーの場では周囲の反応を気にせず「ありのまま」でいられる，というだけではない。サッカーそれ自体についての思考や悩みが，ジェンダーやセクシュアリティと自己をめぐるそれを上回っていたことが，次の語りからうかがえる。それは田島，竹内だけではなく，高い競技レベルでプレイしてきた4人に共通している可能性がある。

> 田島：忙しすぎて。ほんと週6練習で，家にいる時間が寝る時間だけみたいなタイプだったんで。なんか外部の情報が入るとか，考える時間が，正直なかったっていうのはあります。
>
> 著者：性のこととか，自分とは，みたいなことで悩むような。
>
> 田島：なかったですし，その後もなでしこリーグに入ったりとか，全年代のカテゴリーで全国優勝みたいなところが目標じゃないですか。そこで試合に出るためにどうするとか，練習をどう乗り越えるとか，そのなかで戦っていく苦痛みたいなのがあるじゃないですか，サッカー選手って。だから選手としての苦痛とかしんどさとか大変さのほうが上回り過ぎて，そこに悩んでる余裕がなかったです。
>
> 竹内：そもそもほんとに高校時代ってサッカーのことしか考えてなかったので，それこそ性のこととか，あまり気にしてなかった気がするんですね。

(3)「女子サッカー選手」であること

　前項で述べたとおり，現役時代の４人にとって生活の中心はサッカーであり，サッカー選手であることは自己を認識するうえで欠かせない要素であった。そして同時に，「女性」として認識されることへの抵抗や違和感をおぼえてきた。「メンズ」と呼ばれる根拠となったジェンダー表現は，そうした抵抗や違和感と無関係ではない。さらに引退後の現在は，４人とも「女性」以外のジェンダー・アイデンティティをもっている。それでは，自分がプレイするフィールドが一般的に「女子サッカー」と呼ばれ，プレイヤーが「女性」とみられることを，「メンズ」の４人はどのように受け止めてきたのだろうか。

　　著者：女子のチームでプレイをすることについて，違和感とかありましたか。

　　大野：「女子サッカーするのも嫌だ」っていう人もたぶんいると思うんですけど，自分はそういう感覚はあまりなかったかもしれないです。その辺にかんしては，とにかくサッカーをやりたかったので，「別に楽しければいいや」って感覚ですかね。

　　田島：ないです。それ，めちゃめちゃ聞かれること多いじゃないですか，いろんな人に。「女子っていうのが嫌なのに，なんで女性として戦えるんだ」とか。でも実際，女性の体で生まれて，男性，女性ってあなたたちが分けてるわけだよね，みたいな。戸籍，女性じゃないですか。女性の体で生まれて女性あつかいしてたのに，自分は男性だと思ったら急に男性で試合に出るのおかしくないですか，って感覚ですね。よーいどんで走って勝てるかっていったら勝てないし。筋力的にもぶつかったときに勝てるかっていったら勝てないし，女性のチームって社会的に言われて女性のチームに入ってるから，女性のまま戦うっていうことですよね，みたいな感覚ですね。

　　伊藤：自分のなかでは，今までやっぱり女性として生きてきて，女性としてサッカーしてきたので，それも一部かなって思うので。別にそう呼ばれることに対して「それも自分だし」って思って過ごしてますね。仕方ないですもんね，女性としてプレイする以上。

竹内：考えることはあったと思います。そもそも，中学に上がるときに女子チームに行くことには抵抗がありましたし。たぶん女子サッカーのクラブチームに入るときって，すごい悩んだっていうか葛藤があったとは思うんですけど。1回入ってしまえば慣れちゃうじゃないですか。っていうのもあって，中高大はそのまま上がってったのはあると思う。それで大学で FTM について考えて「そうか，手術をして男性になることもできるのか」ってなったときに，でもそしたら女子チームじゃなくて男子チームでサッカーすることになるよねって。そうなった場合，自分がそんな，元々の男性と比べたときに，いくら手術とかしても絶対にある程度のところまでしか行けないよねって感じて。そしたら今のままの体でチャレンジしたほうがいいんじゃないかってことで，それだけではないですけど，手術は考えなくなったのがあると思います。サッカーが好きっていうのは本当に大前提にあって，サッカーをやりたいっていうのがあったから，性別の問題ってたぶんあくまでも二の次っていうか，そういう部分ではあったと思います。

　「楽しければいい」と受け入れた大野，女性とされる身体をもち社会的に女性として位置づけられている以上，女性として女子チームでプレイするしかないと考える田島と伊藤，女子チームでプレイすることに抵抗や葛藤をおぼえつつも「慣れ」ていった竹内という，それぞれの語りがえられた。田島は，「男性，女性ってあなたたちが分けてるわけだよね」と社会の性別二元制に対する批判的視点をもちながらも，男性とされる身体に有利なかたちで制度化され，勝敗という結果にもとづいて価値づけされるサッカーという競技において，高いレベルでのプレイを維持するために「女性」選手という位置づけを受け入れた。同様の認識から，竹内は，性別適合手術を受けて男性として「元の男性」すなわちシスジェンダー男性と競い合うことより，女子サッカー選手として「そのままの体でチャレンジ」することを選択した。男性がおこなう無徴の「サッカー」と女性がおこなう「女子サッカー」が明確に区別されている現状において，結果的に後者にとどまることになったとしても，どこかの時点で，多少の差こそあれ自らの身体と向き合わざるをえない。たとえば以下のような，成長にともなう身体的変化の時期がそうした機会にあたるだろう。

大野：とにかく嫌でしたね。胸がだんだん大きくなってきたというのも嫌でしたし，生理自体も嫌すぎて。でも，どうしようもないじゃないですか。なにもできないわけなので，どうにかこうにか，胸を潰したりとかっていうあれで。ちょっとダボっとした服で隠すじゃないですけど，どうにかこうにかっていう感じでしたね。

田島：小学校5，6年生ぐらいで初めて，髪切らなきゃもう無理だって爆発して，スポーツ刈りにしたんですよね。その頃からやっぱり生理が始まったり，胸が出てきたことに対して，あーほんとに出てくるんだ，ほんとに生理ってなるんだっていう女性が進む感じに，「うわっ」みたいな感じのテンションですね。「マジか！」みたいなテンションになって。でも，自分は女性として生まれてしまっているという事実は消えないじゃないですか。だから，そういう事実を受け止めるのはわりと早いんで。「かといって今どうしようもできねえからな」，みたいなのを毎回思うって感じですかね。

伊藤：体つきが女の子っぽくなるのがすごい嫌でしたし，胸が大きくなるのもすごい嫌でしたし。いま潰すやつとかあるじゃないですか，そういうのも着けてたりはして。そこは苦しかった部分ではありますかね。生理痛とかすごいひどかったほうなので，「なんで？」みたいな感じで思ったり。

竹内：やはり嫌でしたね。胸が膨らんできたの，小学5，6年生ぐらい。その前までは普通に夏とか外に遊びにいったとき，海パンとかで上は裸って状態だったので，そういうのもできなくなったなとか。男じゃないんだなっていうのを，嫌でも感じるって部分はありましたね。

　上記はいずれも，トランス男性や男／女の二元論におさまらないノンバイナリー，Xジェンダーなどのアイデンティティをもつ人による，「女という性別」や「女性身体」への違和感の表明と重なるところの多い語りである。こうした違和感は，「自分は何者か」という悩み，出版物やインターネットを介した情報収集，そして性別適合手術やホルモン治療への関心や実行につながることが多い。しかし今回の4人の事例についてみれば，大野や竹内が手術という選択肢を知ったのは大学在学時，伊藤は大学卒業後である。また，田島は高校生の

ときに乳房を目立たなくする「ナベシャツ」についてのネット情報から乳房切除手術にたどり着き，「え！胸って取れちゃうの？」と衝撃を受け，それをきっかけに自分が「レズビアン」ではなく異性愛として女性に恋愛感情をもつのだと認識する。つまり，幼少期から第2次性徴期にかけてすでに自覚されていた性別への違和感や戸惑いは，その後は長らく留保の状態にあったことになる。そしてその留保の期間は4人が「メンズ」であった時期と重なるのである。

（4）「LGBTQ 当事者」として

　大野，田島，伊藤，竹内は競技引退後，男性あるいはXジェンダーとして生きている。近年用いられているカテゴリーでいうならば，社会的には「LGBTQ 当事者」とみなされるだろう。現在のジェンダー・アイデンティティに至るまでのあいだ，4人は「メンズ」の女子サッカー選手として安定した居場所があり，現在の性別二元制および異性愛主義社会において排除や差別にさらされるセクシュアル・マイノリティとしての自己を認識せずにいることもできた。ただし，「社会に出る」時期が近づくにつれて，そうした状況にも変化がおとずれる。それはどのように経験されたのだろうか。

　　著者：自分がマイノリティだなって感じるようなことってありましたか。
　　大野：社会人になってからですかね。「男として生きる」ってなって注射を始めて。サッカーをやめて「男として生きたい」っていうその辺あたりから，周りの反応というか。やっぱり男として見られるわけじゃないですか。でも，まだ戸籍を変更してなかったとき特にそうなんですけど，見た目とか声とかも男に変わってるのに名前と戸籍が女性なので，そのことで面接で落とされたりとか。こういう人間だと知ってて採用してくれたのに，あとから言ってくる会社とかもありましたし，それで初めてけっこう嫌な思いというか，こういうこと言ってくる人もいるんだなっていう。

　　田島：ほんとに気にせず生きてきたので，27歳で引退して自分がホルモン治療したくらいの頃かな。あんまり当事者意識もなく手術とかしてるんですけど。治療しながら就職活動を27，8歳でしたんですけど，マイノリティに対してめちゃめちゃ反応が悪くて大変だったんですよ。セクシュアリティにつ

いてすごい突っ込まれたりとか。「あ，これが LGBT なんだ」とか「これ
がマイノリティなんだ」みたいな感覚ですね，そこで。

著者：そのとき初めて LGBTQ 当事者っていうことを意識した感じですか？

田島：そうですね。そこら辺から意識し始めたっていうのと，最後に行ったチー
ムで，男子でしかやってこなかった監督が来たんですよ。なので，その監
督も女子サッカーの「メンズ」っていう文化に全然慣れてなくて「え？」
みたいな感じだったし，あんまり良く思ってなかったっていう感じはあり
ますね。それで，自分が勤めてたスポンサーの会社[13]の代表から「彼氏
いるんか？」みたいな質問が，あえてあった。めんどくさと思って「いま
すよ」って。彼女いるのを彼氏って言いかえて話したときに「あ，こうい
うのめんどくさいな」って思ったって感じですね。それがサッカーやって
るなかで初めて「あ，めんどくさいな」って思ったこと。

著者：LGBTQ とかセクシュアル・マイノリティとかって言葉は知ってましたか。

竹内：あんまり知らなかった気もしますね。気にしたことはなかったんですけど，
大学生のときに FTM の方が書かれてる本が図書室にあったんですね。そ
れを見たときは，なんか嫌でしたね。その嫌っていうのもなんでだろうな。
こんなことを本に書いて，自分まで同じように世間からの見る目が変わっ
たらどうするんだって思った記憶もありますね。

著者：世間からネガティヴに見られるんじゃないか，みたいな。

竹内：でも，そもそも今までの学校生活のなかでも，お付き合いしてた女性のこ
と，女性と付き合ってたことは学校では公表できなかったですし。だから
そういう，ネガティヴなイメージがあったのは知ってましたね。

　大野，田島はともに就職活動を通じてトランスジェンダーとしての困難を経
験し，セクシュアル・マイノリティの社会的な位置づけを意識するようになっ
た。同様の例として，伊藤は職場で「男性と女性，どっち？」と聞かれており，
性別適合手術によってそうした質問から解放されたという。また，チームとい

13）　主になでしこリーグ時代における，スポンサー企業によるクラブ支援の一つとして，
　　　選手をその企業の契約社員として雇用するというものがある。

う寛容であったはずの環境でも，「メンズ」と接することのなかった指導者が
いる場合は，田島が経験したように否定的にみられることがありうる。これら
の事例は，「メンズ」はあくまで女子サッカー界の内部で通用するカテゴリー
であり，「メンズ」の多くは遅かれ早かれ社会における「男のような女」や
「男か女かわからない人」，すなわち「男／女」の性別二元制におさまらない存
在に対する否定的反応を経験することになる可能性を示唆している。

　別項で示したやり取りにおいて，竹内は，自分の見た目やふるまいにおける
ジェンダー表現は「サッカー」を理由に周囲から受け入れていたと述べている。
しかし同時に，本に書かれた「FTM」というカテゴリーと自己のジェン
ダー・アイデンティティとのかかわりや「女性と付き合う」というセクシュア
リティを，承認されがたいネガティヴな要素とみなし，「世間の目」を気にし
たという経験も語られた。ここから，安定した居場所としての「メンズ」では
あっても，その枠組みにゆらぎをおぼえるケースはありうるということがわか
る。

3　「メンズ」の経験と女子サッカー

　以上，現役および引退した女子サッカー選手の語りをとおして「メンズ」の
経験およびジェンダー，セクシュアリティとのかかわりを提示した。ここで改
めて「メンズ」というカテゴリーがもつ意味について考察したい。「メンズ」
は文字どおり「男らしさ」とのつながりを想起させる言葉だが，男性という
ジェンダーそのものを指すのではない。本章でとりあげた「メンズ」の1人，
下山田志帆は「女らしさ」を求められることへの強い抵抗感をもつとともに，
自身の女性とされる身体に対して受け入れがたさをおぼえることもあったとい
う[14]が，トランスジェンダーを自認してはいない。一方，インタビューをおこ
なった元選手4人のうち3人はトランス男性であり，性別適合手術やホルモン

----

14)　近著では「自分の性別は生まれたときにわりあてられた女性ではないと感じているの
　　で（かといって男性でもないけど）」［下山田 2022：7］と，より明確に表現されている。

治療を経験している。つまり，明確な定義はないものの，女性に恋愛感情をもつことを表明するとともに，「女であること」や「女としてのジェンダー表現」に違和感や抵抗をおぼえる人，そのなかで自己について「男である」とする人から自己のジェンダーを二元論でとらえない人，あるいはそのいずれかを確定していない人までをまとめて認識可能にする枠組み，多様なジェンダー・アイデンティティをもつ選手たちを受容する居場所として機能しているのが，女子サッカーにおける「メンズ」なのだといえる。

　著者個人の記憶にもとづけば，「メンズ」という言葉は，関東では1990年代後半にはすでに使われていた。同性愛者，レズビアン，性同一性障害，LGBTQといった，社会一般でセクシュアル・マイノリティを指すさまざまな用語ではなく「メンズ」が使われ続けたのは，それがジェンダーとセクシュアリティを混同したところにあるあいまいなカテゴリーであったということも関係しているだろう。あるトークイベントで下山田は，女子サッカー界では「メンズ」であることの居心地がいいためカミングアウトしたい選手はいないのではないか，とも話している[15]。セクシュアリティ，ジェンダー・アイデンティティや身体と向き合って自己を掘り下げること，セクシュアル・マイノリティをめぐる諸概念や社会的な位置づけを知り，それらと自己をすり合わせて「何者か」に落とし込んでいくこと，場合によってはそのプロセスを言語化して周囲の理解や承認をえること。そうした実践は，とりわけ若い選手たちにとって容易ではなく，ときに大きな苦痛をともなうものでもあるだろう。今回インタビューした元選手たちも，出生時に振り分けられた性別に対する違和感から現在のジェンダー・アイデンティティに至るまでの時期を「メンズ」として過ごした。それをふまえれば，「メンズ」は選手本人にとってもチームのメンバーにとっても使い勝手のよいカテゴリーであったことは想像にかたくない。自己のセクシュアリティやジェンダー・アイデンティティにゆらぎを覚えた選手を疎外感や排除から守り，「女子サッカー選手」としての選手生活の継続を可能にしたのが「メンズ」文化なのだといえる。

　ただし「メンズ」は，女子サッカーにおけるセクシュアル・マイノリティを

15）　渋谷男女平等・ダイバーシティセンター〈アイリス〉前掲イベントの記事より。

代表するわけではない。先述のとおり横山久美の例は,「メンズ」が受容される一方でトランスジェンダーを名乗ることが困難な環境の存在を示唆している[16]。このほか,ジェンダー規範から逸脱しつつも「メンズ」を名乗りたくない人,異性愛者ではないが女性としてのアイデンティティをもつ人,あるいは「女らしさ」に抵抗がありつつも「男っぽさ」からは距離をおきたい人もいるだろう。そうした「メンズ」以外の選手たちが,指し示す名付けをもたなくてもそれ自体として認識され承認されるのでなければ,女子サッカー界はセクシュアル・マイノリティにとって安全な居場所とはいえない。ジェンダーとセクシュアリティをめぐるあいまいなカテゴリーが,女子サッカーにおける一部のセクシュアル・マイノリティにとって居場所として機能する一方で,「誰」が取りこぼされてきたのか,スポーツがダイバーシティ推進や LGBTQ 主流化の波に乗ろうとする昨今の状況下で,日本では女子サッカーのプロリーグが始まり,組織としてジェンダーやセクシュアリティの多様性を尊重する姿勢をみせている。今後,個々の選手における多様なジェンダーやセクシュアリティはどのようなかたちであらわれ,どのように表象されるのか。それに対してどのような社会的反応が起きるのか。「メンズ」に付与された意味や機能はどのように変化しうるのか。注意深くみていく必要がある。

引用・参考文献

石井由香理［2018］『トランスジェンダーと現代社会——多様化する性とあいまいな自己像をもつ人たちの生活世界』明石書店。

池田恵子［2015］「英国における女性スポーツと日本」清水諭責任編集『現代スポーツ評論33』創文企画,48-59。

井谷聡子［2021］『〈体育会系女子〉のポリティクス——身体・ジェンダー・セクシュアリティ』関西大学出版部。

稲葉佳奈子［2019］「なでしこジャパンはなにを代表／表象してきたのか」有元健・山本敦久編『日本代表論——スポーツのグローバル化とナショナルな身体』せりか書房,57-75。

....

16) 「トランスジェンダー」など,本章のインタビュー協力者の現役時代にはあまり共有されていなかったセクシュアリティやジェンダー・アイデンティティを表現する言葉や概念が,現在は普及しつつある。したがって,より若い世代の「メンズ」文化にはすでに変化が及んでいる可能性はある。

──────［2021］「セクシュアリティと『女子』サッカー」『現代スポーツ評論45』，創文企画，87-97。

下山田志帆［2022］『みんなの研究　女子サッカー選手です。そして，彼女がいます』偕成社。

杉山文野［2020］『元女子高生，パパになる』文藝春秋。

鶴田幸恵［2009］『性同一性障害のエスノグラフィ──性現象の社会学』ハーベスト社。

吉野靫［2020］『誰かの理想を生きられはしない──とり残された者のためのトランスジェンダー史』青土社。

「メンズ」という
ワードの中に,
女らしさと男らしさ
両方あっていい

聞き手：稲葉佳奈子，山口理恵子

下山田 志帆 （しもやまだ しほ）

1994年生まれ，茨城県出身，女子サッカー選手。
2017～2019年にドイツ女子2部リーグ SV メッペ
ン，帰国後2022年1月までなでしこリーグ1部の
スフィーダ世田谷 FC に所属。2019年2月にソー
シャルメディアで同性のパートナーの存在を公表
した。同年10月に共同代表として株式会社 Rebolt
を設立し，選手生活を続けながら「1人ひとりの
ありのままが肯定される社会の実現」を目指す。

▶ 自身のカミングアウトについて

——下山田さんがカミングアウトした経緯から聞かせていただけますか。

　完全にオープンにしたのが2019年の2月になるんですが，私自身の人生における
カムアウトの経験としては，大学1年生の頃から徐々に信頼できる友人にカムアウト
をしていて，それで，2018年の12月には親にカムアウトをしました。そうやって
徐々に，私個人としてはカムアウトの輪を広げていったような感覚が大きいんですが,
そうなってくると逆に，話してない人たちに対して日々嘘をついてるような感覚がす
ごく大きくて。それがとても苦しいなと思ったときに，だったらいっそ，もう完全に
言ってしまえと。これだけ私のセクシュアリティを知っていても別に関係ないよって
言ってくれる人たちがいるってことも，その時点では分かっていたので，なに言われ
ても怖くないなっていうふうに思って，2019年の2月に公表したという経緯があり

ます。

　（公表の手段は）私の今のツイッターのトップにもある，大学時代の先輩に書いていただいた note が最初です。自分で note を書こうと思っていたんですけど，なんか書きながらすごいカッコつけちゃう自分がいて。壮大なストーリーみたいなのを書いてる自分がすごく嫌だったんで，むしろ引き出してもらう形で，ありのままの言葉っていうのを載せてほしかったんで。結果として正解だったなと思ってます。

──カミングアウト以降，周囲の人びとや SNS などでの反応はどうでしたか。

　大きく分けて二つあるかなと思っていて。一つ目は，もともと知り合いだった人たちの反応。そこでいうと，まあ，いい意味でなにも変わらなかったなと思ってますし，変わったとしても，たとえば，「私，昔こういうこと言っちゃったよね。ごめんね」っていう連絡がきたりとかもしたので，極めてみんなポジティヴな反応，もしくは，変わらないという意味でポジティヴな反応をもらえたなというふうに思ってます。

　もう一つは，全然私と面識がなかった人たちの反応でいくと，同じようにスポーツをされている当事者の方から連絡をいただいたりとか。それはもうスポーツに限らずで，当事者の方から，「私もカミングアウトする勇気はぜんぜんなかったけど，まずは信頼できる人からしてみようかなと思いました」っていうコメントいただいたりとか。それこそ，先日ラグビーの村上愛梨選手も公表しましたけど，村上選手からも，確か2019年に「いずれは私も」というふうに，連絡をもらってました。

　メディアさんからも話を聞かせてくださいというふうにかなりお声掛けいただいてますけど，スポーツメディアは少ないほうだと思います。『Number』さんぐらいですかね。むしろ，それこそダイバーシティをテーマにいろいろ発信されてるメディアさんのほうが，お声掛けいただいたなというふうに思ってますね。

　アスリートの当事者の声は，たぶん一般社会からするとすごくポジティヴに響くんだろうなというふうには思っていて，そういう捉えられ方をしてるんだろうなと感じました。

──2018年の親へのカミングアウトはご自身にとって重大なできごとでしたか。

　そうですね。めちゃくちゃ大きな壁だったなと思ってます。父方の親戚はそんなにつながりがないのですが，母が 4 人姉妹で，みんなすごい仲が良くて。だからカムアウト，まあ公表して，フェイスブックでそれをシェアしたときにたぶんみんな読んでくれて，ひとりひとり長文のコメントもらって。「ずっとそうかなと思ってたんだよね」って言われたりとか，あと，パートナーを友達として紹介したことがあって，

「あの子だったんだね」みたいな。なんか「すごいうれしい」って言ってくれたり。なので親戚に関しては，私はすごい恵まれてるなとは思ってます。ただ，これはメディアにも言ってないんですけど，私，おじいちゃんとおばあちゃんには言ってないので。なんかもう言ってもしょうがないかなと思っていて。そこはちょっと苦しいなとは思います。

——カミングアウト以降，ご自身の考え方や生活，それ以外のことについての変化はありますか。

　そうですね。私自身は，一言で言えばすごく楽になったなというふうに思っていて。自分が思ったことはどこでもそのまま言えるようになりましたし，それは仕事の上でもそうですし，チームでもそうですし，プライヴェートでもそうで，どの場面でも，自分が思ったこと考えたことは全部そのまま言えるようになったのが，すごく楽だなって思いましたし。

　あと一つ，今でもすごく思ってるのですが，やっぱりカミングアウトをしたアスリートっていう絶対的な母数がすごく少ないので，正直，責任は重いなとも思っていて。なんかこう，私ひとりが，LGBTアスリートとしてここ2年間ぐらいを走り続けてきた気持ちもあって。当事者のなかにもいろんなアスリートがいて。もちろん当事者のなかにもいろんな方がいて，いろんなセクシュアリティがあるって思うんですけど，そこが見えてこなかったなっていうのは，正直私はすごい責任が重いなと思いながら走りつづけてきました。

　私自身，女子サッカー界にいてすごくよかったなというふうに思うのは，「メンズ」の存在があることで，性的指向を理由に差別を個人的に受けたりしたことがないんです。むしろみんな温かく受け入れてくれるっていうか，「あたりまえでしょ」みたいな空気感があって，すごく生きやすかったなって思っていて。むしろ，自分自身が苦しかったなって思うのって，性的指向の問題っていうよりは性自認のところであったり，あとは女性らしさの押し付けみたいなところによる苦しみのほうが大きかったんですね。でも，LGBT平等法の話もありますけど，社会のなかでは，性的指向によって差別された人たち，差別された経験をもとに声を上げてる人ってけっこう多いと思っていて。その経験は私，そこまでないんです。だから，こうやって取材を受けたときも，当事者の声を自分はそこまで代弁できてないなって思ってしまうときがあって。それは，少し苦しいなと思ってました。

——海外の女子サッカー界にも同じように「メンズ」と呼ばれる人はいるのでしょうか。

私がまずドイツに渡ってすごくびっくりしたのは，「メンズ少ない」と思ったんです。すごく見た目的な話にはなってしまうんですけど，海外って，けっこう「私レズビアンだよ」とか「トランスジェンダーだよ」とか言ってる選手もそれぞれいましたけど，割合としては，いわゆるレズビアンのほうがすごく多かったなと思って。トランスジェンダーの選手はほんとに一握りというか，むしろチームにいるかいないかぐらいの感じ。一方で日本では，トランスジェンダーイコール「メンズ」ってわけじゃないですけども，いわゆる性表現がすごく男性的で，性自認も「自分，女性なのか男性なのか」っていうふうに悩んでいる選手のほうが多かったので。

いわゆる「女性の枠組みの中に，いろんなあり方があるんだよ」っていう考え方が海外で，そうではなくて，「いや，女性が好きなんだったら男性的であるべきだよね。まあでも，それは一つのあり方だよね」って認めてるのが日本なんだなって，私は思いました。

——「メンズ」という言葉，そういう人たちがいるというのを知ったのはいつ頃ですか。

そうですね。初めて知ったのは，たぶん小学5年生か6年生ぐらいのとき。当時トップチーム，いわゆる大人のチームの人数が少なくて，小中学生の選抜された子たちが入ってたんです。私も小学生ぐらいのときからトップチームの選手と関わってるなかで，「あれ？ なんかメンズって呼ばれてる大人がいて，チーム内でお付き合いしていて，すごい楽しそうだな」みたいな。そういうのを自分ごととして見るっていうよりは，人ごととして見てはいました。たまたまかもしれないですけど，すごいサッカーが上手な方が「メンズ」だったんですよね。すごくその方もチーム内で信頼があって，人気があって。私たちの世代からしても，「何々さんかっこいいよね」みたいな受け取り方でしたね。

——「メンズ」と自分自身を重ねるようになったのはいつ頃ですか。

少し間があいて高校生になってからです。中学3年間は，自分が「メンズ」だって認められなかった時期でした。っていうのも，周りの友達が，いわゆるフェミニンな友達が多かったので。「メンズ」イコールものすごく変みたいな感覚がとても強くて，

悩んで。高校は女子高に入ったんですけど，そこでは「メンズ」があたりまえだった。むしろ，フェミニンな子たちよりもボーイッシュな子たちのほうが人気があって，やっと居場所をみつけたみたいな。自分だけが変だと思ってたのが，「あ，けっこう普通にいるんじゃん」と思ったときに，初めて自分ごと化したなと思ってます。

中学生の頃は，たまたま私のサッカーチームの同期に「メンズ」っていわれる子たちがいなかったっていうのもありますし，地元の中学校に通ってましたけど，すごい田舎の学校で，みんな恋愛ごとが早くて，ギャルになっていって，そのなかで，なんかついていけないなという感覚があった。だから，サッカーのときも普段の生活も，なんかこう，フェミニンでいなきゃいけないのかな，みたいな自分でした。高校に入ってからはもう，サッカーのときも普段も完全に「メンズ」だったので。

——「メンズ」の人たちが，サッカーから離れたときに居心地の悪さを感じたりすることはあるのでしょうか。

それはあると思いますね。どの場所にいても，ふるまいだったり言動が変わることはないと思うんですけど。でも，やっぱり隠さなきゃいけないことっていうのは絶対出てきてしまいますし。たとえばバイト先で，大学生の頃とかはよく「彼氏いんの？」とか聞かれても，普段サッカーをしてるときの友達にだったら「いや，いるわけねえじゃん」みたいな感じで言えるんですけど，そういう人たちの前だと，なんか「ああ，まあ，考えてます」みたいな。そういうちょっとしたうそをつく感じです。公表した今でさえ，ちょっと気まずいなと思うときはあって，私もたまにうそついたりしちゃうんで。みんなやっぱり苦しいよなと思います。

——下山田さんのふるまいに対して，ご家族の反応はどうでしたか。もっと女の子らしくしなさい，みたいなことはありましたか。

めちゃくちゃありましたね。高校，大学もそうですし，それこそ髪型とかもずっと小学4年生からショートカットなんですけど，毎回刈り上げるたびにすごい文句言われたりとか。（母親と）一緒に服を買いに行って，私はメンズ服を見たいので，あっちも見たいとか言うと，「気持ち悪い」って言われたり。親からの一言っていうのは，私にとってはすごい重かったなと思います。

▶ スポーツ界のセクシュアリティとジェンダーについて

——スポーツ界からのカミングアウトがなかなかない状況について，どう感じていま

すか。

　女子サッカー界の話にはなってしまいますけど，女子サッカーというテリトリーが
あって，トップ選手になればなるほど，そのなかで生きてきた人たちがすごく多いの
で，これ以上外に出す必要性もないんだろうなというふうには思う。居心地がいい場
所があって，信頼してる友達がいるから，あえて公表して逆にめんどくさいことを起
こしたくないというか，そういう人たちがやっぱり大多数だなと思います。

──女性と恋愛関係にあるチームメイトについて「メンズ」ではなく「レズビアン」
などの言葉が使われることはありましたか。

　ないです。それよく聞かれて，ほんとにないなと思ってるんですけど。なんか，
「メンズ」というワードが存在する寛容性みたいなのはある一方で，実はそのLGBT
というワードというかセクシュアリティに対しては寛容じゃないなと思っていて。む
しろちょっと偏見的というか，「ほんとにいるんだ」みたいな，チームメイトから
「ゲイの人とか見たことない」みたいな話とかも出たりするんで。実は偏見的なんだ
ろうなと思ってます。

　高校3年生の時に，入試でトランスジェンダーのことを書いていたので，そのため
に（LGBTについて）調べたことはありますけど，自分自身のことを知るために調べよ
うと思ったことは，私はなかった。むしろ，「メンズ」っていう一言があれば十分
だったと思います。

──「メンズ」という言葉そのものから，男になりたいとか，男らしくなりたいのか
なと思われる可能性がありそうですが。その枠のなかにいることの居心地の良さ，
「レズビアン」ではなく「メンズ」であるということについてはいかがでしょうか。

　うん，うん。そうですね。そこに関しては，私は今たぶん明確な答えがあるなって
いうふうに思ってるんですが，ちょっと長くなりそうなので整理すると，なんか時代
の流れがあると思っていて。確かに，私たちがユース年代だったときもネットの存在
はあったんですけど，まだLGBTっていうワードに対しては，そこまで私たちも知
らなかったというか，あんま認知をしてなかったなと思ってます。たぶんLGBTの
ワードが出てきたのって，私が大学4年生以降ぐらいだと思っているので，たぶん当
時の私もほんとに知らなかったんですね。女性らしさの押しつけがすごく嫌だったか
ら，私は小学校のときから自分は男性らしくしたいんだと思ってましたし，なんなら，
ほんとに中学生の頃なんかは，自分ってトランスジェンダーなのかな，性同一性障害
なのかな，と思ってました。いわゆる女性らしさが嫌だから男性になりたいんだと

思ったんです。その，0か100かみたいな。白か黒かみたいな判断基準しか私にはなかったんですね。

　そういう意味でいうと，女性らしさが嫌だって思ったときに，「メンズ」っていうワードがあることによって，なんかその女性らしさから逃げられる感覚があったので，当時の私は「メンズ」ってワードにすごく助けられたなっていうふうに思ってます。ただ，一方で，おっしゃるとおり，たとえば付き合ってる彼女に，なんか，「へなへなすんなよ」とか「すぐ泣くな」みたいな感じで言われて，なんで泣いちゃいけないんだろうなって思ったりとか。あと，私けっこう腕の力ないんですけど，一緒に買い物とか行ったときに，「こっちの重いほう，なんで持ってくんないの」とか言われて，いや，え？ おんなじ女の体だよね，みたいな。そんなことを思ったりもしたので，「メンズ」と名乗ることイコール男性らしくしなきゃいけないって誰もが思ってる環境には，確かになんとなく違和感はあったと思ってます。

　結論から言うと，いま時代が変わってきて，男性，女性だけの枠組みじゃないよねっていう考え方が広まったときに，あらためて「メンズ」というワードを見ると，「メンズ」ってワードのなかにも，もちろんいわゆる女性らしいといわれる部分があってもいいわけだし，男性として生きたいと思うんだったら，その自分が思う男性らしさを表現することももちろんありだし，なんかもっとこう，0か100かじゃなくていいんだなっていうふうに，いまは思ってます。

　レズビアンというワードに対してなんで違和感があるかといえば，たぶん私たちのなかにも，レズビアンイコールすごくフェミニンな人たちっていうイメージが強いんですよね。いわゆる女性らしさがほんとに嫌な人たちがたぶん「メンズ」になっているので。その女性という象徴みたいなイメージがレズビアンにあるから，「自分じゃない」と思ってるんだと思うんです。でも，海外に行くと，レズビアンのなかにもボーイッシュな人がいたりとかもするので，そこの前提がちょっと違うかなって感じがします。これたぶんすごく偏見的なんですけど，（レズビアンは）いわゆる髪が長くて。っていうか，そこが一番大きい気がしていて。髪の毛の長さ。（レズビアンの「タチ」と「メンズ」は）比較できるワードじゃない気がします。違う次元の話な気がします。

　（新宿）2丁目に何回か行ったことありますけど，私は居心地悪いなと思いましたね。女子サッカー界ってむしろ「メンズ」がすごい人気なんですよ。だけど，そのLGBTコミュニティに入っていくと，なんか急に，私たちみたいないわゆるボーイッシュな人たちがすごくこう，なんですかね，立場が逆転するなと思いました。レズビアンの方って，けっこうトランスジェンダーに対して警戒されているなっていう印象

を私は2丁目で受けていて。「トランスジェンダーなの？」みたいな。「男なの？　それとも、心は女なの？」って聞かれたりして、「メンズ」であるときにそこは重要視されなかったので、そこを決めなきゃいけない感覚もすごく苦しいなと思って。「トランスジェンダー。まあ、いわゆる男性なんですよね」って言ったとしたら、その瞬間に「なんだ、トランスね」みたいな感じになるのも怖いなと思いました。その点でいうと、たぶん、「メンズ」っていうワードは概念が人それぞれだと思うので、すごく楽なんだろうなと思います。

▶ カミングアウト以降の社会的な活動について

——下山田さんはカミングアウト後の2019年10月に、会社を立ち上げました。月経時に着用する吸収型ボクサーパンツ「OPT（オプト）」の開発にあたっては、クラウドファウンディングにもチャレンジしましたね。それに関連して、月経というのは下山田さんにとってどのような経験でしたか。

　そうですね。私は、Rebolt という会社の代表をしてまして、もう1人共同代表がいるんですけど、そいつはもう完全にFTMなんです。で、（経験のとらえ方は）それぞれたぶん違ってて、そのもう1人のほうは、月経がきたときに、もうなんか自分の体が自分じゃない気がしたって言ってますし、今でもそいつ生理をコントロールできて、「嫌だって思い続けてると、こないんだよね」って。たぶん自分の体と生理を切り離してるんだろうなと思ってて、それぐらい嫌なんだろうなと思う。

　私はそこまではいかないけれども、なんか自分に必要ないものだなと思っていて。やっぱり学校の教育で、生理ってなんのためにあるのって話のときに、女性らしい体であるために必要なんだよって言われたり、将来妊娠するために生理は絶対必要だよって言われたときに、いやそもそも女性らしい体を自分が持つことがコンプレックスだし、自分自身が妊娠して出産をするっていうのも、私は考えられないので。ってなったときに、「うわ。めちゃくちゃ要らないな」って思ってました。もうずっと、でもまあしょうがないと思ってずっと向き合ってきたし、と同時に、どうしたらこれ止めれんのかなと思ってましたね。社会人になってからピルの存在を知って飲み始めて、経血の量も少なくなってすごい楽だなって今は思ってますけど、学生時代はまったく知識がなかったので、出すか止めるかどっちかしかないって思ってましたね。

——そういう過去の経験や思いから具体的な活動に至るプロセスで、どのようなきっかけがあったのですか。

私たちの会社を立ち上げたときに，どういったサービス，プロダクトを出そうって考えたんですね。そのときに，もともと私たちは女性スポーツ界で起きている問題と社会で起きている問題って絶対リンクしているよねっていう話をしていて。なかでもジェンダーに関する問題って，ものすごくリンクしている。日々女性スポーツ界もいろんなジェンダーの問題が起きてますけど，それってけっこうみんな，言っちゃいけないって思ってたり，あたりまえだから頑張らなきゃと思って自分なりの解決策をみつけて頑張っているし，社会の人たちのなかでもたぶん同様のことが起きていると思っていて。ってなったときに，そのリンクが一番見えやすいのって，実は生理の問題なんじゃないのってなったんです。

　なぜならば，女性の体をもつ人で生理がきて，しかも，いまみんな生理用品をあたりまえにつけてますけど，好きで生理用品をつけている人ってたぶんいない。むしろ，なにかしらの不具合を感じながら，でもこれがあたりまえだと思いながら生理用品をつけているので。そうなったときに，そのひとつの解決策として，ちょうど会社を登記したときに，吸収型パンツという存在が出てきて。これってたぶん，アスリートの問題と社会の問題をリンクできるし，かつ，生理用品における女性らしさ，ジェンダーステレオタイプみたいなところにもちゃんとリンクできるものだなと思ったので。いま第1弾として，あのパンツから始めているというところです。

――最近はフェムテック企業が注目されたり，女子サッカーのアメリカ代表のようにスポーツとフェムテックとの距離が近くなったり，女子スポーツと月経の問題についてアスリートが声を上げるといった現象もありますよね。そういうことから影響を受けたのですか。

　いや，難しいですね。その話題がばっと盛り上がったのって，時系列的にたぶん2020年だと思うんです。むしろ，私たちけっこう先に気づいたほうだと思っていて。逆に追い越されないか，いま，ちょっと心配になりながらって感じですね。

――今後のスポーツ界についてどのような理想をもっていますか。

　私が，現時点で，スポーツ界に対してもっと変わっていくべきだなと思うことは，やっぱりすごく組織ファーストだなっていうふうに思っていて。選手ファーストだ，ってみんな口をそろえて言うんですけど，やっぱり組織としてのあり方や見せ方みたいなところが最優先事項で，選手がどう在りたいかってところは，実はものすごく二の次な世界だと思ってるんですね。しかもスポーツ界って，女性らしさ男性らしさみたいなところがすごく強いですし，トップチームになればなるほど，とくに女子

チームに関しては，なんかこう女性を売り物にしちゃう。クラブ側も。

そうなってくると，いわゆる女子サッカー界でいう「メンズ」みたいな選手であったりとか，女性らしさが合わないなと思う選手が苦しいと思ってるので。私としては，まず，LGBTやダイバーシティみたいなワードの前に，「男性らしさ，女性らしさって，無意識にできあがってない？」ってとこをもっと気づいていくべきだなと思いますし，そこに対してひとりひとりの意識が変わってきたときに初めて，もっと選手の個のあり方ってところをどう見せていくか，選手自身もどう表現していくか，って話になるんじゃないかなというふうに思っているので，もうちょっと段階を踏むべきというふうに思ってます。

――今後，LGBTQ関連の社会運動などと連携することも考えていますか。

そうですね。もちろんやりたいことの一つではありますけど，それを受け入れる態勢が，スポーツ界は整ってないなと思います。スポーツ界のなかから，たとえば私みたいな当事者がもっと声を上げるのもそうですし，当事者じゃない選手とか指導者が声を上げてくれるっていう状況を作るのも一つですし。あとは，スポーツ界が閉じてる世界なので，たとえばいま世の中でLGBT平等法がどうだこうだってどれだけ言っても，たぶんスポーツ界って全然関わってないというか，みんな知らないと思っていて。そうじゃなくて，もっとスポーツ界の外で動かれている方，それは別にLGBTQ当事者の団体とかに限らずで，もっとこう，「世の中はもう，そんな女性らしさ，男性らしさとかどうでもいいって思ってるよ」っていう発想を持ってきてくれる人たちをスポーツ界に入れていかないと，ずっとこのままなんだなって，いまのスポーツ界を見ながら，つらいなと思っています。

（2021年6月3日，オンラインにて）

第 8 章

スポーツにおける LGB 主流化と T（Q＋）

セクシュアリティの受容と残余としてのジェンダー・マイノリティ

はじめに

　これまで各章で述べられてきたとおり，現代のスポーツは未だ近代の価値観を色濃く残す文化領域である。また，近代という時代は，現在に続くジェンダー，セクシュアリティの概念と秩序——ヘテロノーマティヴな規範——を生み出し，それをグローバル化の諸力を通じて世界的な標準として浸透させてきた。しかし現代という時代において，こうした近代的価値規範は徐々に相対化されつつある。特に，民主／自由主義を基盤とする社会においては，男女のジェンダー平等とその権利の確保が一つの重要な基準とみなされ，また同性婚の法制化に象徴される同性愛者の人権の尊重や，自らのアイデンティティにもとづいてジェンダーを移行する権利の整備など，性的マイノリティをめぐる価値観も変化し，またそれに対応するために文化や社会も変化し続けてきた。

　しかし，その近代の価値基準をもとに，変更不可能な，あるいは変更できないことを前提とした「身体そのもの」を用いて実践する文化として制度化され，発達してきたスポーツは，こうした価値観の変化に対応できずにいる。これは，さまざまな困難があり未だ道半ばであるとはしても，知的営為や芸術，教育，労働など他の領域が人びとの意識によってはジェンダー平等を実現可能であることと，大きな対比を成しているといえる。本章では，こうした原理的な制約の中にあって，現在のスポーツが LGBT（Q＋）といった性的マイノリティをめぐってどのように変化しているか，あるいは，特にトランスジェンダーやノンバイナリー，あるいはジェンダー・クィアといったジェンダーに関わるマイノリティと，同／両性愛というセクシュアリティに関するマイノリティの間に，新たな階層や秩序を生み出しつつある問題点について考察する。

1 解放の時代か，ジェンダー秩序の再生産か

（1）シスジェンダー男性文化としてのスポーツ

　近代スポーツの制度化と男性ジェンダーの関係についてはすでに述べたが，結果として男性性を象徴するものとなったスポーツの世界においても，徐々にマイノリティの存在が可視化され，排除の論理は弱まりつつある。特に，近代以降の"男らしさ"の仮想敵とされてきたゲイ男性が，プロ選手やオリンピック出場選手として活躍する機会が徐々にではあるが増えつつある。また，その成り立ちの時点から排除され，周縁化されてきた女性たちに関しては，ジェンダーの上では男女別カテゴリーというかたちで参加機会の確保が進み，またセクシュアリティの上ではレスビアンであることをカムアウトして活動する選手の存在も顕在化してきている。しかし，男女別という枠組みの中にあって，またシスジェンダー男性の身体を基準とした編成にあっては，スポーツにおけるこうしたセクシュアリティ上の多様化が進展する状況においても，男性優位／女性劣位というジェンダー差がパフォーマンスの上で温存されることにもなる。

　一方で，オリンピック東京2020大会で顕在化したように，特にトランスジェンダー女性のエリート・スポーツ参加に際しては未ださまざまな議論が継続しており，また女性カテゴリー枠内でシスジェンダー女性と競い合うことについて，その公平さを疑問視する批判も多い。当然ながら，こうした批判がトランスジェンダー女性に集中するのは，近代スポーツが拠って立つシスジェンダー男性身体優位の性別二元性という制約ゆえであり，スポーツにおける男女差が解消されない限り解決は不可能なものでもある。こうした意味では，性的マイノリティ，あるいはLGBTQ＋というマイノリティの枠組みの中にあって，スポーツという文化に対する親和性および権利の確保に関しては，あらためてジェンダーの軸を中心とした格差が生じつつあるともいえる。

（2）積み残されるジェンダー・マイノリティの課題

　こうしたスポーツそのものが内包する限界が存在する一方，2000年代以降のスポーツ界は徐々に性的マイノリティへの態度を変化させ，その受容へと舵

を切ってきた。特に2014年のオリンピック憲章改訂によって，あらゆる差別を禁止するという根本理念のリストに「性的指向」が加えられたことは，こうした変化を象徴するものであるといえよう[1]。それ以降に開催された2016年のリオ大会，東京2020大会それぞれにおいて，自らをLGBTQであると明らかにして参加した選手数が最大を更新したことは，こうした多様性受容の進展を表わす指標として誇らしげに喧伝されるようにもなっている。たとえば，延期の結果2021年開催となった東京大会においては185人（リザーブ選手を含む）の選手がLGBTQであることを公表したとされ，これは前回のリオ大会56人を大幅に上回る数である[2]。

　しかし，この情報を集計した一覧の内訳を見てみると，女性カテゴリーで参加した選手は167名，男性カテゴリーでは18名となっている[3]。東京大会の総出場選手数がおよそ1万1000人であり，男女比はほぼ半々（男性51%，女性49%）であったことを考えると，このジェンダー差は，やはりスポーツが未だに男性性規範，あるいは"男らしさ"の理想と強い結びつきを残しており，その環境のなかで男性選手が「ゲイである」と公言してプレイすることへの抑圧の強さが現れていると考えられる。一方，女性アスリートとして競技参加した選手数の相対的な多さは，これもまた，男性化されたスポーツという文化への社会化のあり方——女性的ではない，あるいは規範的な女性性を期待／強要されにくいとみなされるスポーツという領域に，女性性からの逸脱と位置づけられる傾向（これは偏見ではあるのだが）の強かったレズビアンが社会化されやすい——という可能性を読み取ることもできる。

　さらにいえば，そもそもオリンピック競技が馬術を除いてすべて男女二元制のカテゴリーで別けられているため，上記の集計を参照するだけでは実際に参加したアスリートのジェンダー・アイデンティティは明らかにならない。たとえば第7章でもふれたように女子サッカー競技のカナダ代表であるクイン選手

1）　詳しくは第5章を参照。
2）　"At least 185 out LGBTQ athletes were at the Tokyo Summer Olympics, more than triple the number in Rio", Outsports, Aug 15, 2021.（https://www.outsports.com/olympics/2021/7/12/22565574/tokyo-summer-olympics-lgbtq-gay-athletes-list）（2022年7月13日閲覧）
3）　レインボーハウスTOKYO「LGBTQ＋Out Olympians and Paralympians」集計資料より。

は自らをノンバイナリー[4]と認識しているが，出生時の性と出場する競技における ジェンダーのカテゴリーが同じであるため，集計では女性としてカウントされてしまっている。同様に，女子スケートボードの米国代表であるアラナ・スミス選手もノンバイナリーを公言しているが，女性としての参加とみなされることになる。これらに加えて女性でありながら女性カテゴリーでの参加を許可されなかった DSD 女性選手たちの存在を考え併せたとき，現代のエリート・スポーツにおいては一口に "性の多様性" や "LGBT" と括ることはできず，むしろセクシュアリティよりもジェンダーを基軸とした限界が表面化しつつあるとみることができる。

スポーツが男性ジェンダーの理想をかたち作り，なおかつその理想が可能性としてはホモノーマティヴな方向へ進みつつある中，いまだ数少ないとはいえどもゲイ男性アスリートは，その存在の可視化自体が，ある意味ではホモセクシュアリティに関するジェンダー理解――つまり「同性愛男性は男らしくない」はずだという根強いジェンダー的偏見とステレオタイプに抗し，その多様さを示すことにつながることは否定できない。また，レスビアンのアスリートたちは，そもそも女性のスポーツ参加――特に近代スポーツの中心に近いフットボールや陸上競技，あるいはレスリング競技などへの参加――自体が「女性らしくない」実践として偏見に晒されてきた歴史の中で，「レスビアン＝男性的」というステレオタイプな偏見ゆえに更に強くその矢面に立たされてきたが，多くのチャレンジや努力を経て "女性ジェンダーとスポーツ" そのものへの偏見が薄らぐ中で，共にその存在感を増しつつある。

オリンピックやプロ・スポーツが大きな影響力を持ち，また従来は性の問題に関してもっとも保守的な領域であったことから，こうした場において自らを性的マイノリティと公言し，その存在が可視化されるアスリートが増加することは，社会に対して非常に重要なメッセージをもたらすことは確かである。しかしそれは同時に，スポーツ自体に内在するジェンダー上の限界と制約によって排除される "残余" としてのジェンダー・マイノリティ――トランスジェン

4）　既存の性別二元性にアイデンティティが当てはまらない，あるいは見出すことができない場合，二元的（バイナリー）ではないという意味で「ノンバイナリー」が用いられる。

ダーやノンバイナリー，ジェンダー・クィアな人びと——の存在を逆照射することにもつながるものであり，性的マイノリティと一括されがちな少数者のカテゴリー内におけるあらたな格差，そして秩序を生じさせる可能性を含んでいることにも自覚的である必要がある。

② スポーツにおける LGBT 内秩序

（1）ジェンダー重視とトランスジェンダー排除

およそ20年前，ニューヨーク・タイムズ［1998年8月1日号］に『ゲイ・ゲームス：偏見と闘うイベントが自らの偏見によって非難されている』と題された記事が掲載され，1998年ゲイ・ゲームス・アムステルダム大会におけるジェンダーをめぐる論争を報じている。この内容に従えば，開催国オランダの実行委員会が社交ダンスのプログラムにおいて男女混合のペアで競技することを禁じたために，激しい論争が生じたという。その主張の根拠は，「（ゲイ・ゲームスの）目標は，同性愛のアスリートたちにとってのある種の国際的な披露の場——男性は男性と踊り，女性は女性と踊る——を提供することにある」のであり，結果として，あるレスビアン選手はダンス・パートナーであるゲイ男性と踊ることを許されなかった。つまり，同性愛者であるかどうかに関わらず，反対のジェンダー同士の組み合わせはゲイ・ゲームスの場にふさわしくないということである。

また，この"ジェンダー志向"の規定は，トランスジェンダーの選手に対して医師の公式証明書などを含む厳格な「ジェンダー移行完了」の証明を課するという結果となり，ゲイやトランスジェンダーの人権団体・コミュニティからも批判を招くことになった。記事の中で，トランスジェンダー支援団体のリキ・アン・ウィルキンスは，「ゲイがオープンな競技の場を持てなかったために組織されたゲイ・ゲームスが，いまでは別のアスリートのグループに対して邪魔者としての汚名を着せたり，クローゼットに戻るよう強いているのは，なんとも皮肉なことだ」と述べている。またローレン・キャメロンは「"ノーマルな基準"にとらわれない包含性の称揚こそがゲイ・ゲームスの精神ではな

かったのか？」と疑問を呈した。一方で，1994年ニューヨーク大会の実行委員だったリー P. シャーマットは，ゲイ・ゲームスの持つゲイ文化のショウケースとしての役割と，同性愛女性・男性の結束を深めるための機能との間で，絶妙のバランスを取ることの難しさを指摘する。そして，自分自身はダンサーとして新規定には不賛成だとしながらも，ゲイ・ゲームスをより広範に受け入れられるようにすることは，同性愛者と異性愛者の間の障壁を取り払うためにも重要であると述べている［岡田 2006］。

　この出来事は，性的マイノリティのスポーツによるリベレーション実践のなかで起こったジェンダー差別，あるいはトランスジェンダー排除の初期の事例と捉えることができる。ここから読み取れるのは，スポーツという枠組みを依り代にした性的マイノリティの可視化と権利獲得を進める上では，当然ながら社会に対してその価値観（スポーツ）を全うしてみせる，ということが求められることになり，結果的には性別二元制に適合するシスジェンダーのセクシュアル・マイノリティを"マジョリティ"として優先するという選択である。なおかつ，こうした機会がほぼゲイ・ゲームスという一つの大会に限られていたこの時期において，特にアムステルダム大会の実行委員会がこだわった「同性愛のアスリートたちにとっての披露の場」とは，結果的にモデル・マイノリティとしての同性愛者——ジェンダーをまっとうする男らしいゲイ，女らしいレスビアン——を視覚的に提示する機会としてこのスポーツの場を活かしたい，という意図であったともいえる。無論，こうした軋轢は，マイノリティが社会に向けておこなうリベレーションの機会があまりに限られているという，いわば過剰な代表性を担わされることに起因するものであり，それ故，一度の機会で最大公約数的な「好ましい像」を提供せねばならないという諸力が働きがちになるためでもある。

　こうした論争を受け，ゲイ・ゲームスから枝分かれした人びとによって，トランスジェンダーを含めて参加規定をより緩やかにし，ゲイ・ゲームス以上に包括的なマイノリティのためのスポーツ大会として，2006年あらたに「ワールド・アウト・ゲームス」が開催されることにつながった。結果として，ワールド・アウト・ゲームスはその後二度の開催を経て短命に終わったが，この間にゲイ・ゲームスにおいても参加規定に関する議論が進み，現在ではトランス

ジェンダーやノンバイナリー，ジェンダー・クィアな選手を包含する幅広い機会が設定されるに至っている。ゲイ・ゲームスが辿ったジェンダーに対する価値観，特にトランスジェンダーに対する態度の変容は，その過剰な代表性を担わされていたが故の困難な判断であったと言える一方で，スポーツを基盤に置く以上，それがいかに性的マイノリティのための実践であっても，ヘテロノーマティヴなマジョリティ社会においても解決の難しいジェンダー上の制約という，スポーツそのものの持つ限界から自由ではあり得ないことを示すものでもある。また，ゲイ・ゲームスが世界記録や競技成績に拘泥する必要のない社会的なイベントであることも，ジェンダー・マイノリティの参加を受容する方向へ変化できた大きな要素であるが，その一方で伝統的な種目においてはやはり性別二元性を維持せざるをえず，原理的にはジェンダーを軸とした平等を達成することは，依然として困難でもある。

さらにいえば，ワールド・アウト・ゲームスがその運営を軌道に乗せ，継続することができなかった要因の一つとしては，運営体制の脆弱さに加えて，スポンサー獲得や運営資金確保が困難であったことが指摘されており，それ以降，結果的に世界規模の総合的な性的マイノリティのスポーツ大会としてはゲイ・ゲームスが唯一の選択肢となり続けている。これは，さまざまな事情はあるにせよ，「性的マイノリティとスポーツ」の組み合わせによる世界的な大会というものを経済的に複数成り立たせるような市場が形成されていないことを示しているともいえ，結果的にオリンピックなどで起こっているようなスポーツと資本の結びつきと，それにともなう特定の価値観（理想といっても良い）による寡占が，マイノリティの場においても顕現しているとみることもできる。

もちろん，ゲイ・ゲームス実行委員会は，回を重ねるごとにセクシュアリティのみならずジェンダー・マイノリティに関してもよりインクルーシヴであるよう意識的にその受容を進め，規定の改定も続けてきたのであり，こうした努力は評価すべきである。しかしながら，前述の"代表性"の問題は依然としてつきまとっており，たとえば，かつては「LGBT」や「ゲイ／レスビアン」を冠してきた映画祭や文化的イベントが徐々にその名称をよりインクルーシヴなものに改めつつある中でも，その名称である"ゲイ"（同性愛者）・ゲームスの使用が継続されている[5]。これは，その歴史の尊重であることに加え，やは

り性的多様性の支持が民主主義的な価値観の指標と認識され，またそれに対するスポンサーシップを通じて企業の商業活動においてすらイメージの向上や利益をもたらすようになる潮流の中で，性のマイノリティを“代表”してきたゲイ（特にゲイ男性）が，現在においてもいわゆる「LGBT市場」の主流を占め続けていること，およびゲイというタームがその象徴として機能し続けていることと無縁とはいえないだろう。

　また，第5章「性の境界とスポーツ」で詳述した問題で中心となっている，シスジェンダー女性とトランスジェンダー女性アスリートをめぐる競技の公正／公平さの議論は，性的マイノリティ内にも波及している。ウィンブルドン大会での優勝経験を有し，グランドスラム大会で18回のタイトル獲得という伝説的な戦績を残した元テニス選手のマルティナ・ナヴラチロワは，同時に，1980年代というもっとも早い時期に現役選手として同性愛者（レズビアン）であると公言したことでも知られ，性的マイノリティ・アスリート支援団体の大使を務めるなど尊敬を集めてきた。しかし2019年，ナヴラチロワは英国タイムズ紙に寄稿し，トランス女性が女性カテゴリーで競技することは不当に有利であり「チート（不正）だ」と述べ，多くの批判を浴びることとなった[6]。

　ナヴラチロワの主張は，ここ数年のトランス女性選手，あるいはトランス女性全般に対する批判的言説——いわゆるTERF（ターフ）：「トランス女性を排除する原理フェミニスト」と呼ばれる人びとの主張——と軌を一にするものである。そして，いかに彼女がセクシュアリティの上でマイノリティであっても，シスジェンダー女性としてトランスジェンダー女性を排除するという構図を踏襲してしまう点は，繰り返しになるが本来近代スポーツ自体が持つ制約ゆえと

5） 「ゲイ（gay）」という言葉は，もともとは「陽気な」「快活な」あるいは「派手な」という意味を持つ英単語を，同性愛者自身が自らを表すために意識的に転用した呼称である。必ずしも男性のみでなく，女性同性愛者も含めて用いられるが，アイデンティティ・ポリティクスの進展とともに女性は「レズビアン」の呼称を選ぶことが一般化してきており，現在では「ゲイ男性」のみを意味することも多い。第3章の注1）も参照。

6） Gilligan, Andrew "Trans Row: Martina Navratilova blasts 'cheating' transgender women in sport", *The Sunday Times*, 17 February 2019.（https://www.thetimes.co.uk/article/martina-navratilova-blasts-cheating-transgender-women-in-sport-8fmjbnh99?utm_medium=Social&utm_source=Twitter#Echobox=1550403253）（2022年7月13日閲覧）

もいえ，結果としてスポーツの枠内におけるシスジェンダー優位―― LGB 規
範化／T（Q）排除――という秩序の再生産を助長してしまうことにもつなが
りかねない。こうした内容を問題視し，性的マイノリティ選手支援団体のアス
リート・アライはナヴラチロワをその大使の役割から解任した。彼女はその後，
自らのブログを通じて「不正」という言葉を使用したことを謝罪し，トランス
ジェンダーの人びとを非難する意図はないことを釈明した上で，自分が望むの
は「女性として生まれた女の子や女性が，自分の競技においてできるだけ平等
に競争できるようにすることだ」とも述べてもいる[7]。

　こうした主張が，社会において一定の潮流を形作っていることは否定できな
い。たとえば，2018年5月にイギリスのウェンブリー・スタジアムでおこな
われた女子サッカー FA カップ決勝戦に際して，反トランスジェンダーを標榜
する団体がトランス女性選手憎悪を煽るビラを撒くという出来事が起き，大き
な非難を浴びた。スタジアム周辺で配られたビラには，「女子スポーツ選手が
男性の身体を持つ選手と競い合わなければならないなんておかしい」という言
葉とともに，トランスジェンダー女性としてオーストラリア・ルール・フット
ボールのリーグで活躍するハンナ・マウンシー選手の画像が無断で使用されて
おり，他にも「男性は決して女性にはなれない」，「わたしたちのスポーツから
男性を排除せよ！」などの批判的な主張が並んでいたという[8]。これに対して，
すでに2014年にトランスジェンダー受容の方針を打ち出していた FA（イング
ランド・サッカー協会）は，「これらのビラの内容を，トランスジェンダーを受け入
れるというわれわれ信念に反するものとして非難する」という声明を出し，さ
らに「ジェンダー・アイデンティティはサッカーに参加する上での障壁となる
べきではない」と対応した。

　FA の声明に同調するように，この決勝を闘ったアーセナルとチェルシー両

<hr />

[7]　「ナヴラチロワ氏，トランスジェンダー選手は「不正」発言を謝罪も議論継続」，BBC
News，2019年3月4日。（https://www.bbc.com/japanese/47411978）（2022年7月13日閲
覧）

[8]　Launder, Mimi "FA condemns anti-transgender flyers handed to fans at women's cup final",
Indy100 from INDEPENDENT, 9 May 2018.（https://www.indy100.com/offbeat/transphobic-
leaflets-womens-fa-cup-final-arsenal-chelsea-hannah-mouncey-mayday-4-women-8343051）
（2021年11月30日閲覧）

チームのLGBT＋サポーター・グループは，こうしたビラの内容は誤りに満ちており「トランスジェンダーの人びとに対する侮辱的で憎悪的なもの」であるとし，なおかつ「サッカーにそのような余地はない」との声明を共同で発表した。しかし，こうした性的マイノリティ・グループ内の連帯がある一方で，イギリスにおいてはトランスジェンダーを他のセクシュアル・マイノリティ（LGB）とは別の存在であるとして切り離し，その排除に間接的に加担するような団体（LGB Alliance）も登場しており，これらもまた，セクシュアリティの前景化とジェンダー・マイノリティの排除という，現在のエリート・スポーツで象徴的に顕在化しつつある問題系を共有するものであるといえるだろう。

3　スポーツ世界の中心と周縁

（1）英米圏を軸とした秩序

　ここで再び，オリンピック東京2020大会に参加した性的マイノリティ選手の内訳に戻れば，そこにはイギリスとアメリカに加え，英連邦構成国でもあり文化的にイギリスとつながりの深い英語圏の国であるオーストラリア，カナダ，ニュージーランドが大きな存在感を示している。それぞれの参加者数は，英16名，米37名，加18名，豪14名，ニュージーランド10名となっており，その合計数（95名）は5ヶ国だけで総数185名の半分以上を占めることになる。近代スポーツはもともとイギリスをルーツとして発達し，制度化された文化であり，イギリスの帝国化に伴って世界の植民地へと広まり，結果として現在では英連邦となった諸国の地域に深くその根を下ろすことになった。また，アメリカはイギリス移民によって形作られた国であり，その文化的な連続性と価値観の共通性は非常に高いともいえ，なおかつアマチュアリズムに固執しない大衆社会においてスポーツが商業的に花開き，現在のようなグローバルな影響力を深めたことを考えれば，こうした先進的な取り組みも多くなることは当然とも言える。

　さらにいえば，身体の性と社会的な性役割を分けて考える"ジェンダー"という概念自体が，イギリスで生まれた英語圏特有の発想だという点も重要であ

る。自らの言語体系に性別を持たない英語が，ラテン語系の諸語における言語の性を説明するために編み出した概念がジェンダーであり，時代が下ってそれを社会や身体の次元にまで敷衍することで，現在のスポーツで問題化されるような軋轢が生じているともいえるだろう。逆に考えれば，生物としての身体とは別に「社会的な性」という概念を生み出してきた英米を中心とする英語圏社会では，逆にその概念に対して意識的であり，なおかつその区分に対するこだわり——つまりはジェンダーを重視する価値観も強まると考えることもできる［岡田 2019］。こうした潮流のなかで，アメリカにおける同性婚の法制化などを象徴的な画期とするように，セクシュアル（性指向）・マイノリティの受容と権利拡大は進展しつつある中で，相対的にトランスジェンダーに対する偏見と差別はより根強く残り，また社会との離齬を埋めにくい存在として排除の対象になりやすいともいえる。

　こうした英米／英語圏中心という秩序は，ヨーロッパ諸国を含めた中でも顕在化している。たとえば，もっとも同性愛嫌悪が強い競技と言われてきたプロ・サッカーにおいては，1990年に史上はじめてゲイであるとのカムアウトしたジャスティン・ファシャニュー以降，長らくその事例はなかったが[9]，2011年にスウェーデン・リーグでプレイするアントン・ヒーセン選手がサッカー雑誌を通じて自らゲイであると公言してこれに続き，現役選手としては二つ目の事例となった。これはプロ・サッカーという競技のカルチャーを考えたときには非常に画期的な出来事といえ，スウェーデン国内のメディアでは大きな話題となり，また英メディアのBBC放送やデイリー・メール紙でも取り上げられはしたが，世界的に大きな報道になったとまではいえない。これは，たとえばアメリカのプロ・スポーツ・リーグ選手によるカムアウト事例と比較すると，大きな落差であるといえる。ヒーセン選手が所属するのがスウェーデンの下位リーグであり，プレミア・リーグなどと比べると知名度や商業規模に大きな違いがあることは当然理由の一つではあるが，そもそも社会的に影響力のある有力なリーグや，あるいは世界規模の大会で顕在化するチャンス自体が英

9）　2022年5月，ファシャニュー以来32年ぶりにイギリスのプロサッカー選手であるジェイク・ダニエル（ブラックプールFC）が，自らがゲイであるとカムアウトした。詳しくは第3章の追記を参照。

米を中心とした地域のアスリートに集中していること自体が，大きな意味で
いえばこうしたスポーツにおける格差，そして LGBT と一括されがちな少数者
の間においても一つの秩序を形成する結果となっているといえよう。

　また，さらにオリンピック東京大会の性的マイノリティ・アスリートのデー
タを俯瞰してみれば，上記5ヶ国以外はヨーロッパ諸国と南米の一部がそのほ
とんどを占めており，アジア圏ではフィリピンの3名，インドの1名[10]を数え
るのみである。また，アフリカ／アラブ諸国からの事例はなく，そもそも東京
2020大会への出場国・地域205のうちの多く（7割以上）は性的マイノリティだ
と公言する選手を送り出していない。こうした偏在・不在の理由としては，そ
うした地域における文化や価値観の保守性の結果，選手がカムアウトして活動
することができないとの状況を指摘されることが多く，それは確かに英米，そ
してヨーロッパ諸国の一部を中心とした人権やジェンダー／セクシュアリティ
への価値観を基準とすれば，"正しい解釈"といえなくはない[11]。しかし，そ
れは同時にスポーツという実際にはかなり地域化（英米欧化）された実践を通
じたリベレーションや多様性のあり方を考える際に，それ以外の地域，特に上
記の不在の中心であるアジアや中東・アフリカ諸国の文化や価値観との優劣と
いう意図しない秩序／序列を固定化して提示しがちになる点には留意する必要
がある。

（2）妥協の産物か，オルタナティヴな先進事例か

　1990年代，タイにおいて国技と言われる格闘技であるムエタイ（キックボクシ
ングの一種）選手として活躍したパリンヤー・ジャルーンポンの事例は，こう
した英米中心というスポーツのあり方を考えたときに，非常に重要な示唆を与
えるものである。パリンヤーは幼いうちにムエタイのジムに入門してトレーニ

10）　陸上競技のデュティ・チャンド選手。（詳しくは第5章2節参照）
11）　たとえばイスラム諸国の一部における女性スポーツの困難さや，同性愛が犯罪化され
　　ている地域などはこうした問題の代表例といえる。しかしながら，特にスポーツを通じ
　　て顕在化しやすい問題を，イギリス由来の近代的価値観である「スポーツ」という文化
　　そのものの実践を通じて測る（象徴的な意味合いはあるといえども）こと自体が，文化
　　ごとの優劣という意図しない秩序／序列を自明化しがちになる傾向については，意識的
　　である必要がある。

ングを積んだが，男性として生を受けたものの自らを女性と認識する，タイ社会で"カトゥーイ[12]"と呼ばれるアイデンティティを持った選手でもあり，その活躍と相まって日本でも大きな話題をさらった。スポーツの領域にあって，格闘技は歴史的にもっとも男性的な競技とみなされてきたのであり，そのためそもそも女性選手の参入に一定のハードルがあることに加え，男女混成での実践が他の競技に比べてもより困難なものと捉えられてきた。しかしパリンヤー選手は，女性としてのアイデンティティを持ちながら男性部門で競技を続け，なおかつその高い実力によって一躍人気選手となった。

　1990年代後半にはホルモン療法を開始しはしたが，性別適合手術前であったパリンヤーは男性部門で競技せざるをえなかったという事情に加え，化粧を施した女性的な姿で男性選手を敗り，また勝利後相手選手にキスを送るというパフォーマンスが興行として大きなメディア価値を生み，それが低迷していたムエタイ業界の思惑と結びついたことも，こうした英米圏の価値観からいえば異例なジェンダーを交差した競技実践を可能にした一因とも言える。これを，プロの興行における話題性を重視した，いわば"色もの"としての存在と捉えることは可能であろう。事実，この時期パリンヤーは日本でも人気に火が付き，日本に招聘されて試合をおこなったり，また性別適合手術後に日本人男性キックボクサーと対戦して破るなど，その実力以上に「男性より強いトランスジェンダー女性」という話題性が求められ，また消費されたという側面は否めない[13]。その一方で，"主流"とみなされてきた英米のスポーツや格闘技界で，この時代トランスジェンダーの選手がこれほど活躍する余地はまだなく，トランス女性が男性部門で活躍するというジェンダー越境的な実践もまた，そのジェンダーという価値観の軛の強さ故に現実的ではなかった（いまも現実的ではない）ことを考えれば，パリンヤー選手の事例を「スポーツ世界の周縁で起

----

12)　後の注14）を参照。

13)　当時，日本のメディアにおいてパリンヤー選手がさかんに"オカマボクサー"という呼称で取り上げられたことは，こうした一端を表す典型的な事例といえる。"オカマ"という言葉は，後に差別的で不適切との認識からメディアにおいて用いられなくなったが，逆にいえば，日本社会においては男性から女性への性別移行をおこなう，あるいはそのように認識される存在の受け皿として「オカマ」というカテゴリー（認識枠組み）が，トランスジェンダーやGID概念以前に存在していたということでもある。

こった例外的事例」と捉えることも，あるいは反対に「ジェンダーの価値観に柔軟なゆえに可能になったオルタナティヴな実践」と評価することも可能であろう。

更に事例を挙げれば，サモアのサッカー選手であるジャイヤ・サエルアもまた，トランスジェンダー女性として男性チームに参加した一人である。彼女は2006年以降，アメリカ領サモア代表としてサッカー・ワールドカップに出場し，これはトランスジェンダーと公言して参加した初めての事例とされている。後に映画化[14]されたことでサエルア選手の存在はよく知られるようになったが，女性として男性競技に参加するという稀な事例が，非欧米文化圏のオセアニアで実現したことは，やはり上述したジェンダー的価値観の相違が影響していると考えることができるだろう。帰属的にはアメリカ領ではあるが，サモアは歴史・文化的にポリネシア文化圏に属しており，その社会には伝統的にファファフィネと呼ばれる第三の性，あるいは性別二元性で捉えられない越境的なジェンダー区分が存在し，また受容されているという。サエルアは自身をファファフィネと認識しており，自分の地域を離れるまで差別的な経験をしたことがなかった一方，彼女が学んだハワイ大学（アメリカの大学システム）で男子サッカーチームのトライアウトを受けた際，コーチによって「他の選手が気まずくなる」ことを理由に拒否されたことが「初めての大きな差別経験だった」と述べている［Magrath 2018：90-91］。

先述したパリンヤー選手も，タイ社会に存在し，受容されてきたカトゥーイ[15]というジェンダー越境的な存在としてのアイデンティティを持っていたこととと同じく，こうした実践は，そもそもスポーツが拠って立ってきた性別二元

....

14) 『ネクスト・ゴール！世界最弱のサッカー代表チーム 0 対31からの挑戦』マイク・ブレット，スティーブ・ジェイミソン監督，2013年。

15) 英語の影響でゲイやトムといった同性愛者を指す表現が広まる以前，カトゥーイは両性具有者，トランスジェンダー，異性装愛好者，同性愛者など幅広い意味を持っていたが［Sulaiporn 2012：109-111］，現在ではトランスジェンダー女性（MTF）の意味合いが優勢とされている［日向 2020］。また野口は，特にスポーツを通じた開発において，必ずしも現在のグローバルなジェンダー二元性に対応していないこうした多様なジェンダー分類や価値観に留意すべきであるとして，興味深い議論を提出している［野口2021］。

制というジェンダー・システムとは異なる性の価値観を有してきた地域でこそ可能となった事例であると考えることもできる。英語圏の価値観であるジェンダーがグローバルな標準として膾炙したように思える現在，こうした区分をわたる，あるいは曖昧にする存在は，ともすれば近代的規範を満たしていない周縁性や土着性と接続してイメージされがちであり，有り体にいえばその地域の相対的な"後進性"として解釈されることすらある。しかしながら，その眼差しの方向を逆転させるなら，こうしたジェンダーを越境する例外的，あるいは奇異とみなされるような実践そのものが，近代の産物としてのジェンダー，そして近代スポーツ双方が，すでに現代の，さらには実際の性や身体をめぐる価値観の変化や多様性に対応できず，時代との齟齬をきたしてしまっているというその限界を逆照射する存在だと捉えることもできよう。

（3）日本における現状

　こうした文脈は，東アジアの文化圏に位置する日本にもみられる。たとえば日本においては，オリンピックレベルの競技力を有するようなアスリートや，プロのスポーツ選手で自らを性的マイノリティであると公言した（している）例はごく僅かであった。そのもっとも初期の事例としては，自らを性同一性障害（GID）と認識し，2002年に女性から男性へ性別変更した後にプロ競艇選手として再デビューを果たした安藤大将選手が挙げられる。ボート競技が，他の近代スポーツからすれば比較的ジェンダー差の顕現しにくい種目であるとしても，この時期にトランスジェンダーの選手がプロとして受容され，活躍したことは，やはり日本あるいは東アジアという文化の文脈を感じさせるものである。

　またこれに続くのは，2006年にデビューし，一時期バイセクシュアルを公言して活動した男性プロ・ボクシングの小口選手，および2019年に同性のパートナーがいることをあきらかにした下山田志帆選手（ドイツ・プロサッカーチームを経由し現スフィーダ世田谷FC所属）と非常に限られていたが，2020年には女子バスケット・リーグで活躍したヒル・ライアン（ヒル理奈）選手が引退後トランスジェンダーであることを公表，2021年4月にはラグビー（15人制）女子日本代表で国際試合出場の経歴を持つ村上愛梨選手（横河武蔵野アルテミ・スターズ所属）が同性パートナーの存在を通じて自らのセクシュアリティを公表，

また同年6月には，元なでしこジャパンで現在はアメリカ女子プロサッカー・チームで活動する横山久美選手がトランスジェンダーであることを公にするなど，徐々にその可視化が進んできた。

　しかしながら日本の現状の特徴として指摘できるのは，やはり，トランスジェンダー／GID選手の先行および女性同性愛者[16]・FTM選手の顕在化と，ゲイ男性選手の不在という対比であろう。前述してきた英米を中心とした地域の事例と比較したとき，ここには，本来であれば性別二元化されジェンダーをわたる存在がもっともフィットしにくいはずのスポーツという領域で，むしろトランスジェンダー（的，あるいは"メンズ"的）な選手が顕在化し，シスジェンダー男性同性愛者が不可視化されたままであるという，日本的な状況が浮かび上がる。この理由としては，先の事例と同じく，日本においても近代に至るまで必ずしも二元的ではない性の区分や価値観が伝統的に存在し，また現在でもポピュラー・カルチャーや伝統芸能を通じて，主流ではないながらもそうした存在が受容（あるいは消費）される素地が維持されてきたことも可能性として指摘できる。一方でゲイ男性の不在は，たしかに日本社会の保守性と同性愛嫌悪の強さの反映と考えるべきであろう。それはまた，逆に言えば当事者に，カムアウトせずにいることで維持できる利益の方が大きいと感じさせてしまう日本のスポーツ界や環境，そしてその背景にある社会の価値観ゆえでもあり，当然ながら当事者たちにその責任を帰すべき問題でないことは論をまたない[17]。

　東京大会招致に成功した日本においても，オリンピック憲章に追記された性的指向にもとづく差別の禁止に対する対応として，GID特例法以降ほぼはじめて性的マイノリティの権利が保守政権にとっても政策課題となり[18]，与野党の攻防の末にいわゆる「LGBT理解増進法案」が合意されたにもかかわらず，その国会への提出が見送りとなったことは記憶に新しい。これは図らずもオリ

16）　ここで用いた「女性同性愛者」とは必ずしも"レスビアン"というアイデンティティで一括される存在ではない。特に，日本のスポーツ界においては，必ずしもレスビアンやトランスジェンダー（FTM）という英語圏由来のLGBTカテゴリーにフィットしないアイデンティティをもつ人びと――"メンズ"など――が存在する。詳細については第4章を参照。

17）　日本においてスポーツと男性同性愛に関する事柄が公に報道された数少ない事例と，当時のスポーツ界，日本社会を取り巻く状況に関しては，［岡田2004］を参照。

ンピックというスポーツの祭典が，日本の政権に対して，性的マイノリティの権利保障が国際社会においてはもはや満たすべき基準の一つとなっていることを意識させる機会となったと同時に，結果的には罰則規定のない理念法を審議の俎上に載せることすらさせず，さながら取り組みのアリバイづくりであったかのようにポスト・オリンピックの空気の中で早くもその試み自体を風化に任せつつあるように見える。

　結果として，オリンピック史上最多の性的マイノリティ参加選手数が言祝がれる中で，その開催地である日本からの明示的な参加が0で終わったという矛盾は，皮肉にもこうした日本社会の現状を如実に反映したものといえる。さらには，東京2020大会閉会式において性の多様性を象徴するレインボーカラーをあしらったドレスに身を包んだ歌手が国家を歌い，血縁や氏にとらわれない性的マイノリティにとっての家族を主題にした曲「Chosen Family（選ばれた家族）」が流されたことに対して，そもそも性的マイノリティの権利も夫婦別姓も認められていない日本においては「見せかけの多様性」のアピールだとの批判が上がったことは，この現状に対する象徴的な反応でもあったといえよう[19]。

4　"スポーツ"を相対化する

　これまで述べてきたLGBT，あるいはQ＋という性的マイノリティのカテゴ

<hr />

18)　2015年3月，自民党の馳浩衆議院議員を会長として超党派の「LGBTに関する課題から考える議員連盟」が発足した。馳氏は自身の公式Facebookページにおいて，性的少数者の政策課題化のきっかけがオリンピックであることを，以下のように明確に述べている。
　　　この問題を正面から取り上げようとなったのは，昨年のソチ五輪での「ロシアの同性愛者差別法」が大きな問題となり，IOCの倫理規定でも，「同性愛者への差別禁止」が盛り込まれ，2020オリパラ東京大会組織委員会の倫理規定にも盛り込まれてから。つまり，五輪・パラリンピック大会を開催する日本での人権問題として指摘されかねない事態となったから。（衆議院議員　馳浩　公式ページ2015年6月13日投稿）
19)　「閉幕にLGBTQの曲流す：多様性打ち出す狙いか」共同通信社，2021年8月8日（https://nordot.app/797114401776746496?c=65699763097731077）（2022年7月13日閲覧）

リーとスポーツの現在地を考えたとき，その問題系は特に2000年代以降，セクシュアリティからジェンダーへと徐々に移行してきた。スポーツが男性化された文化領域として制度化されて以降，長年，男性と女性の間に存在し続けてきた競技そのものや参加機会，あるいは組織や文化・資本的価値をめぐるジェンダー格差として議論されてきたこの問題は，現在，スポーツが成立した近代という時代にはおよそ想定されていなかった「ジェンダーの境界そのものをわたる」存在やあり方を巡る問題として再焦点化されている。これは，すでにシスジェンダー男性の身体を標準としてさまざまな要素が動員され，なおかつ性の二元制によって男女ジェンダー間の序列／秩序が固定的に編成されてしまっている既存の近代スポーツにとっては，原理的に解決不可能なものでもある。

　スポーツのこうした限界の中でこれまでおこなわれてきた，主に機会をめぐる男女間のジェンダー格差解消の努力や，あるいはいま現在も継続するセクシュアリティによる差別の是正への取り組み，さらには現在もっとも前景化しているトランスジェンダー（特にトランスジェンダー女性）やノンバイナリー，ジェンダー・クィアといったジェンダー・マイノリティの人びとと近代スポーツ実践の限界をいかに接近させ，着地させてゆくのかという制度的な試みはもちろん不可欠であり，継続してゆくべき議論である。しかしその一方で，わたしたちはスポーツそのものの持つ限界を理解した上で，その価値の相対化——"価値の切り下げ"といっても良いかもしれない——についても真剣に問い直すべき時期に来ている。

　そもそもが階級化された娯楽，あるいは教養の一部であったはずのスポーツがこれほどまでに世界化し，資本や教育とのつながりを深める中で，ある意味，現代においては人びとがその影響力を回避することのできない強制力を持つ存在となってしまっている。もちろんその影響力の大きさ故に，スポーツにはポジティヴな要素も多く，またすでに今あるスポーツを通じた自己実現を目指す人びとを否定することはできない。しかしその一方で，特に「性」をめぐるマイノリティがその影響力ゆえに困難を被り続けてきたことも事実である。近代スポーツの持つ解決不可能な限界を考えたとき，それを解消するための制度的な努力やすり合わせと並行しながらも，一方ではその価値自体について再考してゆく必要にも迫られている。このためには，スポーツを楽しむ人びとや，と

くにそれを組織的に提供する側がその影響や強制力についてより自覚的になるべきであり（たとえば，学校や義務教育で必ずジェンダー上の不公平が生じるスポーツを教材として使い続けることは妥当なのだろうか？というような視点），なおかつ，時にはその価値を積極的に見つめ返してゆくことの重要性が高まっているといえる。

引用・参考文献

井谷聡子［2021］『〈体育会系女子〉のポリティクス――身体・ジェンダー・セクシュアリティ』関西大学出版部。

岡田桂［2004］「スポーツ報道とメディアの中立性――性化されたスポーツ報道」『現代スポーツ評論』11号，創文企画，162-168。

―――［2006］「スポーツ文化と男性性の理想――消されたオリンピック」菊幸一，仲澤眞，清水諭，松村和則編著『現代スポーツのパースペクティブ』大修館書店。

―――［2019］「スポーツにおけるマスキュリニティのグローバルな再配置――フィギュアスケート・人種・セクシュアリティのジェンダー表象」『スポーツ社会学研究』27巻2号，日本スポーツ社会学会，29-48。

野口亜弥［2021］「タイに見られるジェンダー規範とジェンダー平等に対するスポーツの役割認識――政策立案者の視点」『体育学研究』66巻，日本体育学会，809-825。

日向伸介［2020］「パッタヤー歓楽街の形成――冷戦期タイの都市空間と性的多様性をめぐる予備的研究」『人文学報』115巻，京都大学人文科学研究所，107-130。

Johnson, K.［1998］"GAY GAMES ; Event founded to fight bias is accused of it," *The New York Times,* August 1.

Magrath, R.［2018］*LGBT Athletes in the Sports Media*, Palgrave Macmillan.

Sulaiporn, C.［2012］"Kathoey : Male-to-Female Transgender or Transsexuals." In *Thai Sex Talk : The Language of Sex and Sexuality in Thailand,* edited by Pimpawun, B. and Peter A. Jackson, translated by Timo O., 109-117. Mekong Press.

索　引

《執筆者紹介》（執筆順）

岡田　桂（おかだ　けい）［はじめに，第1章，第3章，第5章，第8章］
　立命館大学産業社会学部教授
　筑波大学大学院博士課程人間総合科学研究科中退
　専門はスポーツ社会学，文化研究
　主要業績として，『スポーツの「当たり前」を疑え！』（分担執筆）晃洋書房（2019），『クィアと法』（分担執筆）日本評論社（2019），『Challenging Olympic Narratives: Japan, the Olympic Games and Tokyo 2020/21』（分担執筆）Ergon-Verlag（2021）

山口理恵子（やまぐち　りえこ）［第2章，第6章］
　城西大学経営学部教授　博士（学術）
　城西国際大学大学院人文科学研究科博士後期課程単位取得満期退学
　専門はスポーツ・ジェンダー論
　主要業績として，『知ってほしい女性とスポーツ』（分担執筆）サンウェイ出版（2010），『カナダ発女性コーチの戦略と解決策』（監訳）文部科学省委託順天堂大学マルチサポート事業（2012），『日本代表論──スポーツのグローバル化とナショナルな身体』（分担執筆）せりか書房（2020）

稲葉佳奈子（いなば　かなこ）［第4章，第7章］
　成蹊大学文学部准教授　博士（学術）
　筑波大学大学院博士課程人間総合科学研究科単位取得満期退学
　専門はスポーツ社会学
　主要業績として，『日本代表論──スポーツのグローバル化とナショナルな身体』（分担執筆）せりか書房（2020），『アスリートたちが変えるスポーツと身体の未来──セクシュアリティ・技術・社会』（分担執筆）岩波書店（2022）

スポーツとLGBTQ＋
シスジェンダー男性優位文化の周縁

2022年9月20日　初版第1刷発行

著　者　岡田桂・山口理恵子・稲葉佳奈子ⓒ
発行者　萩原淳平
印刷者　江戸孝典

発行所　株式会社　**晃洋書房**
　　　　京都市右京区西院北矢掛町7番地
　　　　電話　075（312）0788㈹
　　　　振替口座　01040-6-32280

印刷・製本　共同印刷工業㈱
ブックデザイン　吉野綾
ISBN978-4-7710-3651-2